VAN GOGH SEGRETO

IL MOTIVO E LE RAGIONI

DI Antonino Saggio

a Caterina
perché difenda il giusto

Edizioni Kappa

ISBN: 978-1-4475-7916-8
Antonino Saggio, *Van Gogh segreto. Il motivo e le ragioni*
Edizioni Kappa, Roma, maggio 2011

Terza edizione, riveduta e corretta

Pubblicato per la prima volta in Inglese
A Secret van Gogh. His Motif and Motives
ITool, marzo 2011

Copie del libro possono essere ordinate o scaricate in pdf da
http://stores.lulu.com/ninos

Libri dello stesso autore:

L'opera di Giuseppe Pagano. Tra politica e architettura (Dedalo, 1984)
Using Goals in Design (CMU, 1988)
Five Masterworks by Louis Sauer (Officina, 1988; ITool, 2010)
Giuseppe Terragni. Vita e opere (Laterza, 1995, 2005³)
Peter Eisenman. Trivellazioni nel futuro (Testo&Immagine, 1996)
Frank Gehry. Architetture residuali (Testo&Immagine, 1997)
Introduzione alla rivoluzione informatica in architettura (Carocci 2007)
Lo strumento di Caravaggio (Kappa 2007, 2010³, ITool 2010)
Architettura e modernità. Dal Bauhaus alla rivoluzione informatica (Carocci 2010)

p. 1	retro copertina	copertina
Coppia che cammina abbracciata, «*Gli innamorati*», Arles, c. 16 marzo 1888, Collezione Privata, 23x32,5 F 544	*Camera di Vincent*, «*Per la madre*», Saint Rémy, c. 18 settembre 1889, Museo d'Orsay, Parigi 56.5x74 F 483	*Coppia che passeggia sotto la luna*, Saint-Rémy, c. 10 maggio 1890, Museo d'Arte, San Paolo, 45.5x49,5 c. 1890 F 704

INDICE

Autoritratto dedicato a Paul Gauguin, «Il Bonzo», Arles, c. 16 settembre 1888, Fogg Art Museum, Harvard University, Cambridge, MA, USA, 62x52 F 476

VAN GOGH SEGRETO

Ormai ho deciso. Troppo dolore pesa su di me, non vedo più possibilità di amore e senza questo tutto si spegne. Sono tranquillo nel prendere questa decisione e immagino che quando starò per morire vedrò tutto chiaramente e sarò sereno. Forse vedrò mille immagini che mi girano attorno e che si sovrappongono e si avvitano a spirale nei cipressi o nel cielo stellato. Vedrò la mamma, dolce, con i suoi acquerelli, le ragazze sugli alberi del giardino e io che vado a pescare le rane, papà burbero e la torre del cimitero che sempre mi sembrava parlare. E vedrò te Theo, fratello caro, carissimo, con tua moglie e il piccolo Vincent, felici di essere insieme.

È un poco che ci sto pensando. Questa è ormai l'unica decisione, la più giusta per tutti. Mi ci sto preparando lentamente. Ho pensato a questo momento dell'abbandono e della morte come ad un tornare orizzontale, ad un rientro nella madre terra. Ed ho intelaiato e dipinto nelle ultime settimane queste tele strette e lunghe, le troverai, sono le mie ultime. Il grano sotto la tempesta, quello con corvi, le radici degli alberi che si nutrono della terra. Non è un bel quadro questo, ma cosa voglio dire, forse apparirà chiaro. Noi alla terra torniamo, e dalla terra nuova vita si avvinghia e cresce.

La terra, la terra. Penso che l'istante prima di morire - rivedrò il pozzo del Borinage, quando andavo giù con i minatori in quelle discese lunghissime negli inferi: 300, 400, 500, 600 metri... giù, giù. E mentre si scendeva, la luce dall'alto che diventava più piccola: un pozzo, un lumicino, quasi una stella alla fine.

Ora basta, la stella si spegne.

E di un colpo come in un abbaglio rivedo ancora i miei girasoli, vedo la mia pittura, vedo la mia camera. E con la mia camera, ad Arles vedo le mie compagne, tutte insieme. Amori infelici, amori solitari, amori drammatici, ma in cui ho creduto disperatamente.

Ma ora basta tutto deve finire. [1]

Van Gogh segreto presenta diversi strati di scrittura che il lettore troverà sovrapposti e intrecciati come raramente avviene nella saggistica, ma come spesso avviene nella vita e nei pensieri. Una interpretazione unitaria del lavoro del pittore olandese, che ha avuto solo alcune anticipazioni nella critica, è sviluppata nel testo. Sinteticamente, la possiamo far ricadere nella grande categoria della "personificazione". I quadri del pittore ci parlano più di qualsiasi spiegazione verbale e ci dicono che le cose sono per lui esseri e reciprocamente che noi siamo e viviamo nelle cose. Attraverso questa analisi il lettore si troverà dentro le opere e le guarderà sotto una luce, ci auguriamo, illuminante.

Insieme a questo strato, nel testo ne è combinato un altro che ha appassionato i primi lettori del manoscritto. È quello dell'inchiesta su alcuni episodi decisivi della vita di van Gogh. D'altronde, forse la parola «inchiesta» non è la più vicina alla parola «storia»?[2] Sulla base di fonti certe, si fornisce dell'episodio chiave della mutilazione dell'orecchio ad Arles, e degli attori coinvolti nell'episodio, una nuova, e mi auguro convincente, ricostruzione.

Le riproduzioni sono state scelte con cura tra le molte disponibili in bibliografia e in rete come le più fedeli possibile all'originale, cioè è stato possibile grazie alla conoscenza diretta di molti dipinti. La «Cronologia» è una sezione cui rimandiamo (v. pp. 63-65) per ulteriori dettagli biografici e per avere un quadro più esatto degli eventi, il corpo delle «Note» è dettagliato per supportare quanto si sostiene nelle diverse parti del testo, niente qui è detto a caso, anche se il fatto stesso di formulare "ipotesi" rompe alcuni tabù disciplinari. La «Bibliografia» (v. pp. 67-69) è commentata, mentre altri testi, più specialistici, sono citati solo nelle note. In questo libro è usata la calligrafia di Vincent ricreata digitalmente. Nella maggioranza dei casi si tratta di brani originali scritti da van Gogh, in due casi (di cui uno è l'incipit qui accanto) si tratta di lettere «possibili», ma che evidentemente ho scritto io.

Vorrei infine ringraziare i Collezionisti, le Fondazioni e i Musei, proprietari delle opere e in particolare la Fondazione Huygens e Il van Gogh Museum di Amsterdam cui si deve la nuova edizione in sei volumi delle lettere (van Gogh 2009). *Van Gogh Segreto* è uno dei primi saggi che può trarre vantaggio di questa grande opera filologica lungamente attesa dagli studiosi.

Come raccontare, a chi legge, la forza violentemente bella di Vincent van Gogh? La risposta è come sempre in un intreccio, in un nodo terribile verrebbe da dire nel suo caso, di motivi. Ma per sciogliere questo nodo, bisogna capire il principio, avere la chiave.

Per penetrare nel suo mondo bisogna partire, secondo me, dalla NATURA MORTA CON BIBBIA, realizzata in morte del padre. Intanto ricostruiamo la scena. Van Gogh proviene da una famiglia di media borghesia olandese. I mestieri tramandati da generazioni sono il mercante d'arte (il fratello Theo, sarà, sin dall'età di 23 anni, il direttore di una importante casa francese) o il pastore d'anime. Vincent da giovane farà entrambe le cose. Prima, per alcuni anni, l'apprendista venditore d'arte, a Londra, poi a Parigi e all'Aia, poi studierà accanitamente per diventare pastore, ma non si presenterà agli esami e farà il predicatore evangelico tra minatori in Belgio e per due anni vivrà poverissimo tra i poveri. Solo a 27 anni, dopo un travaglio drammatico di molti giorni, decide di voler diventare pittore e si immerge in un processo di auto insegnamento.

Dopo due anni trascorsi all'Aja, occupati soprattutto a disegnare persone derelitte, in particolare la donna con cui convive, torna a casa, in un paesino brullo e sperduto dell'Olanda meridionale. Vive in una dependance nel giardino della canonica del padre pastore protestante, mangia in un angolo con il piatto sulle ginocchia scrutando il proprio lavoro in corso e affitta uno studio per lavorare nella ex casa del sagrestano cattolico. Fa il pittore ormai, Vincent, e dipinge e disegna con straordinaria tenacia. Opere forti si susseguono: sono umili lavoratori della terra, ritratti di facce impastate nel fango e incise nel legno con la stessa brutalità degli zoccoli che portano ai piedi quelle persone, sempre, inesorabilmente, piegate.

Con il fratello Theo, di quattro anni più giovane, ha una fittissima corrispondenza ed hanno siglato un accordo. Tutti i quadri che produce sono proprietà di Theo che cercherà di venderli in cambio di un assegno mensile. È un accordo professionale vero e proprio, tra due uomini che conoscono bene il campo dell'arte.

Con il padre ha discussioni accanite. Opposte indoli si fronteggiano. L'uno è ligio, rigido, puritano, di scarso successo in quello sperduto borgo di contadini; pittore, e molto eccentrico, l'altro. Indossa sempre un berretto di pelo e una blusa blu, da lavoratore, di quel tessuto dei marinai fatto a Genova, l'antesignano del jeans.

Contadina chinata a raccogliere,
Nuenen, luglio 1885,
Museum Folkwang,
Essen, 41,5x51,5 F 1279

VINCENT van GOGH
1852.
LAAT DE KINDERKENS
TOT MIJ KOMEN, WANT
DER ZULKEN IS HET
KONINGRIJK
GODS.
LUKAS 18 v. 16.

10.

Ed ecco, arriva il quadro NATURA MORTA CON BIBBIA DEL 1885. Guardatelo con attenzione e avrete un primo pezzo della chiave. Guardate quella Bibbia enorme, gigantesca, che esce dal fondo nero, il libretto giallo, il candelabro con il cero, ma soprattutto di nuovo «lei», la Bibbia. Sembra che salti fuori dal quadro, sembra che declami, sembra che voglia veramente parlare.

Questa sensazione, di diventare vivo dell'oggetto è una caratteristica che prende, credo, tutti coloro che vedono un van Gogh. Quella Bibbia travalica il suo essere oggetto, per diventare cosa viva, espressiva di una forza, di una esistenza che essa emana fuori da sé, fuori dal quadro e che diventa compartecipe della nostra stessa vita.

> Ciò che van Gogh vuole è una pittura vera fino all'assurdo, viva fino al parossismo, al delirio, alla morte. La materia pittorica acquista un'esperienza autonoma, esasperata, quasi insopportabile: il quadro non rappresenta, «è». [3]

Questo dipinto non è quindi una natura «morta». È il ritratto di un padre mai ritratto, ma la cui personalità sembra uscire dalla tela e impossessarsi dell'astante. È una natura *veramente* morta che diventa però ora, veramente viva. Questa è d'altronde la lotta che van Gogh ingaggia con gli oggetti, contro la natura inanimata per accenderla, renderla presente e psicologicamente vibrante.

Credo che questo quadro del 1885 sia stato uno dei primi in cui il motivo di van Gogh emerga pienamente, ma si tratta, come molto spesso accade, di un motivo intimamente contraddittorio. Se Cézanne è un pittore che vuole ridurre tutto a oggetto anzi, ancora di più, ad «analisi» dell'oggetto,[4] Van Gogh ha un problema opposto: come trasformare, tutto, in «essere»; come rivelare in tutto il creato la forza drammatica e disperata della vita; come rendere non tutto oggetto, ma, al contrario, come rendere tutto persona.

Questo motivo apre una seconda questione. Gli oggetti, che noi dipingiamo, se diventati vivi, ci parlano contemporaneamente anche di noi che li creiamo: sono a nostra immagine e somiglianza e in essi noi stessi trasfiguriamo i presagi, le speranze, i sogni e le paure.

Natura morta con Bibbia, Nuenen, ottobre 1885, van Gogh Museum, Amsterdam, 65x78 F 117

Tomba del fratello nato morto il 30 marzo 1852, Cimitero di Zundert, Tralbaut 1970

Fiori di lunaria in vaso con pipa, Nuenen, schizzo nella lettera a Theo del 5 aprile 1885, 13x21 c. F 398

La Natura morta con Bibbia, apre così un ulteriore e complesso strato psicologico. Van Gogh dipinge questo quadro come se il padre giacesse nella camera accanto,[5] ma nel dipinto ritrae anche se stesso, identificandosi nel piccolo libretto giallo che ama. È la *Joie de vivre* di Émile Zola, scandalosamente moderno testo dal punto di vista del padre pastore, in cui la protagonista, anche se oppressa da mille disavventure, non vuole rinunciare alla propria vitalità. Il quadro rivela la tenacia irremovibile di Vincent che è un dato costante della sua personalità: anche di fronte alla Bibbia del padre morto, van Gogh contrappone se stesso e la propria visione.[6]

Naturalmente questa intensa ricerca di vita negli oggetti, ha strettamente a che vedere con il suo opposto: con la morte stessa che si intreccia con uno dei dati fondamentali del pittore, anche dal punto di vista biografico.

Vincents

Vincent Willem van Gogh era nato il 30 marzo 1853, primo di sei tra fratelli e sorelle, a Zundert, nella regione olandese del Brabante, al confine con il Belgio. In Olanda, il cimitero è collegato alla chiesa, che è collegata alla dimora del pastore e della sua famiglia. Un insieme unico: chiesa-giardino-cimitero-casa; casa-cimitero-chiesa; chiesa-giardino-casa... cimitero. A che età Vincent ha scoperto l'oggetto che lo segnerà tutta la vita? A sei anni.. appena ha cominciato a leggere? A sette... quando cercava i nidi o raccoglieva erbe o uccellini caduti?

Nel cimitero trovò una lapide. Vi era scritto «Vincent van Gogh, 1852» e un versetto della Bibbia. Dunque quella lapide porta il mio nome, sono io? Ma sono morto o sono vivo? Chi è Vincent? Sono qui, o sono già sotto quel pezzo di marmo?

Scoprire la tomba del fratello nato e morto esattamente un anno prima della propria nascita, ne ha segnato l'esistenza. La presenza della morte nel suo caso è ben più che annunciata, ma è già come fosse, da sempre, avvenuta. La lapide non è un semplice segno dell'aldilà, ma essa è anche viva, visto che io stesso, con quello stesso nome, sono, ora, vivo.[7] Ne deriva una disperata necessità; posso vivere solo se dò vita a quanto mi circonda.

A Nuenen van Gogh ha dipinto almeno cinque oli, e molti disegni e schizzi, della TORRE DEL CIMITERO. Guardiamo il quadro conservato a Zurigo, dipinto nel 1884: le croci del cimitero, dove il padre è seppellito, in basso, un brumoso paesaggio desolatamente piatto, sullo sfondo e, in centro, la torre. Sola, lugubre presagio di morte, ma di nuovo una sorte di morte viva, un addio che non spegne l'essere, una Morte che parla.[8]

Regala la tela a Margot Begemann, che ha tentato il suicidio per lui, come fosse il proprio ritratto, e parte per Anversa. Piomba alla fine di febbraio del 1886 a Parigi.

Le scarpe

Vincent, nei due anni trascorsi a Parigi, dipinge sei tele con le proprie scarpe. Sono grosse, chiodate e logorate. Ogni traccia, ogni ruga, ogni piega narra una storia perché le scarpe sono un condensato di memoria: scrutandone le rughe sarebbe possibile ricostruire le vicende della vita.

A volte va' a dipingere con Émile Bernard, un giovanetto conosciuto in uno studio di pittura che per un poco anche lui ha frequentato. Bernard è giovanissimo, ma ha talento, visione, passione e vuole bene a Vincent che contraccambia. Altre volte va a dipingere con Paul Signac lungo il fiume, ad Asnières-sur-Seine. Spesso dipinge la nuova periferia di Parigi o di Asnières, i brani in cui la città che cresce aggredisce la campagna, dove pezzi di natura convivono con i nuovi palazzi dove le ciminiere sono insieme ai campi di sterpi e i ponti portano il rumore del treno. Parte la mattina, con quelle scarpe che hanno preso il posto degli zoccoli olandesi,[9]

Torre del Cimitero, Nuenen, maggio 1884, Fondazione E. G. Bührle, Zurigo, 47,5x55 F 88

con un quadro enorme che poi divide in riquadri e torna la sera con tre, quattro, cinque, sei studi nella grande tela. Le scarpe sono lo strumento del peregrinare, il simbolo di sé come lavoratore-pittore e ancora una volta, forse, alludono al rapporto con il fratello. Spesso un laccio le collega, quasi ad indicarne il legame.

Theo è occupato nella direzione della filiale di Boussod, Valadon & Co, una affermata catena d'arte. Vincent sviluppa un giro di amicizie con i pittori più giovani che per Theo possono rappresentare anche delle aperture verso un nuovo mercato. Paul Gauguin, Henri Toulouse Lautrec, Lucien Pissarro, Luis Anquetin, Charles Angrand, Arnold Koning, Armand Guillaumin, Paul Seurat, Bernard e Signac. Sono i pittori del Piccolo boulevard che cercano spazio in alternativa a quelli in via ormai di affermazione della prima generazione impressionista (Manet, Monet, Renoir, Degas) che proprio Theo comincia a vendere bene nel Grand Boulevard, quello di Montmartre, dove è la sede della sua filiale. Vincent organizza anche piccole mostre nella vetrina di un commerciante di colori, il «perè» Julien Tanguy, comunardo e socialista, e anche in ristoranti e caffè. In particolare una mostra delle adorate stampe giapponesi che non sono solo una moda esotica, ma anche una profonda ispirazione per van Gogh e i pittori del Piccolo Boulevard. Perché quel mondo colorato, quel mondo piatto e grafico, quel non usare la prospettiva, dimostra che è possibile perseguire una nuova via.

L'attesa

In questo clima è dipinto INTERNO DI UN RISTORANTE CON TAVOLE INFIORATE un'opera che non ha nelle letteratura su van Gogh ulteriori elementi chiarificatori, né sul luogo, né sulla situazione.[10] Intitolato così sembra un ristorante e basta, ma se si osserva il quadro con attenzione si scoprono una serie di dettagli rivelatori.

Il dipinto è del 1887, la fase in cui Vincent è ormai efficacemente inserito nella scena artistica parigina e alla parete si nota una riproduzione: forse è il manifesto della mostra di stampe giapponesi che van Gogh aveva organizzato, oppure è l'annuncio di un nuova mostra. I tavoli non sono semplicemente apparecchiati per un normale pranzo, ma sono addobbati. In ognuno di essi c'è un vaso di fiori la cui

Ponte sulla Senna ad Asniè-res, estate 1887, Fondazione E.G. Bührle, Zurigo, 52x65 F 301

Paio di scarpe, Parigi, dicembre 1886, van Gogh Museum, Amsterdam, 37,5x45,5 F 255

grandezza e bellezza contrasta con il carattere modesto delle seggiole di legno impagliate. Van Gogh ha dipinto diverse decine di quadri di fiori nel suo periodo parigino scegliendo attentamente cosa dipingere e a volte recandosi di persona dal fioraio. In questo interno, la cura dei vasi e la grandezza e diversità dei mazzi fa pensare alla cura amorevole del pittore stesso nell'addobbo. Al centro della parete, inoltre, vi è un dipinto dal soggetto e dal colore impressionista, forse dello stesso van Gogh e che dovrebbe far parte della serie di Asnières.

Se si guarda in alto nell'angolo, inoltre, si vede un cappello a cilindro. Il cappello appeso ad un gancio sembra indicare un momento di sospensione del giudizio. Che sia proprio il cappello a cilindro dell'autorevole critico Félix Fénéon che fu ritratto a discutere con Vincent da Lucien Pissarro? Insomma - ecco la mia tesi - il ristorante è in attesa di accogliere i convenuti che molto probabilmente sono lì per celebrare la vernice di una mostra.

Ora nel novembre 1887 van Gogh ha effettivamente organizzato una mostra dei pittori suoi amici del Piccolo boulevard che hanno esposto in un ristorante di Montmartre. Potrebbe anche darsi, quindi, che questo quadro raffiguri proprio quel ristorante: il Grand Bouillon-Restaurant du Chalet al 43 avenue de Clichy. In ogni caso se l'addobbo indica l'attesa di una celebrazione, il quadro dovrebbe avere come datazione il novembre 1887, quando appunto fu organizzata la mostra.[11]

Infine la pittura, che è l'aspetto più importante. Qui van Gogh non ha dubbi: si presenta come un un pittore della nuova avanguardia artistica del *Pointillisme*: conosce le teorie cromatiche che ne sono alla base e le esalta nell'uso dei colori complementari.

Il tunnel

Ma il biennio della sua permanenza a Parigi volge al termine in maniera sempre più cupa. A cominciare dall'estate del 1887 sino alla partenza per il Sud nel febbraio del 1888, Vincent si descrive come semi alcolizzato, burbero, triste e irascibile.[12]

IL SOTTOPASSAGGIO fotografa questa situazione. Innanzitutto il soggetto è, emblematicamente, un tunnel. Il pittore è certamente interessato, come in altre opere, all'arrivo nelle frange della città del paesaggio industriale, ma insieme a questo tema emerge in tutta evidenza dal dipinto un carattere ancora più forte.

Interno di un ristorante con tavole infiorate, «L'attesa», Parigi, c. novembre 1887, Kröller Müller Museum, Otterlo, 45,5x56,5 F 342

Vincent a colloquio con il critico d'arte Félix Fénéon, Disegno di Lucien Pissarro, Parigi, 1887 c. in Tralbaut 1969 p. 212

Il tunnel, è legato nella sua biografia alla condivisione dell'esistenza dei minatori in Borinage. Vincent sa che cosa vuol dire essere «fisicamente» in un tunnel, e non solo psicologicamente.

Nel quadro inoltre vi è una figura emblematica: una donna, vestita di nero, che dipinge addirittura nella parte centrale e più cupa del sottopassaggio. Sono questi i mesi della rottura con la sua compagna Agostina Segatori. Di una dozzina d'anni più anziana, italiana di origine, Agostina era stata una bella modella di importanti pittori ed aveva rilevato il bar di Montmartre con i tavoli a forma di tamburino dove nel febbraio van Gogh aveva organizzato la mostra delle stampe giapponesi. Vincent la dipinse almeno tre volte, di cui almeno una volta nuda.[13]

La relazione con la Segatori, che forse ha un aborto di un figlio suo, è finita; Agostina, è metaforicamente nel tunnel e sta male e il pittore si lascia andare all'alcool. Eppure, in questo quadro cupo, si intravede un altro mondo, un'altra possibilità. Il sottopassaggio sbuca su un piccolo arco di luce e sopra emergono i comignoli dei palazzi dall'altra parte del viadotto. Prospetticamente è una forzatura, che segnala però che una possibilità, «al di là», esiste. Scrive a Theo:

> (...) quanto a me mi sta passando la voglia di matrimonio e di bambini, e in certi momenti mi sento già abbastanza malinconico di essere come sono a trentacinque anni quando invece mi dovrei sentire ben diversamente... Qualche volta ne faccio una colpa a questo accidenti di pittura- è Richepin che ha scritto in qualche posto: "l'amore per l'arte fa perdere il vero amore."
>
> Trovo che è spaventosamente esatto, ma d'altro canto il vero amore ci dà il disgusto dell'arte. E mi succede di sentirmi già vecchio e rotto e ciò nonostante ancora abbastanza innamorato per non provare entusiasmo per la pittura. (...) E poi voglio ritirarmi in qualche posto nel Sud, per non dover vedere tanti pittori che, come uomini, mi disgustano.

Il sottopassaggio, Parigi, c. luglio 1887, Guggenheim Museum, New York, 31.5x40,5 F 239

Puoi essere sicuro di una cosa, e cioè che non cercherò più di lavorare per il Tambourin - credo che esso passerà in altre mani, e non sarò certo io ad oppormi.

Per ciò che si riferisce alla Segatori è tutt'altra faccenda, io le voglio ancora bene e spero che anche lei ancora a me.

Ma attualmente essa è mal sistemata, non è né libera né padrona in casa sua, è sofferente e malata.

Anche se eviterò di dirlo in pubblico, sono convinto che ella abbia abortito (a meno che non si trattasse di una falsa gravidanza).

Comunque sia, nel suo caso non la posso biasimare. Spero che tra due mesi si sarà rimessa e allora potrà essermi riconoscente per il fatto che non le ho creato imbarazzi.[14]

Insomma Parigi, stanca e logora. La relazione con Agostina si spegne, tutti i quadri di fiori che le regalava e che servivano a decorare il caffè sono venduti in blocco all'asta nel fallimento del Tambourin, anche molti amici se ne vanno da Parigi e Vincent, forse consigliato da Lautrec, parte. Il sud lo aspetta. Un sud magico, incredibile e nuovissimo per un nordico come Vincent.

Dal cupo tunnel in cui è caduto a Parigi, van Gogh compie un salto prodigioso verso il Sud. Arriva ad Arles, in Provenza, nel febbraio, ma c'è incredibilmente la neve. Ma a poco a poco la luce si allunga, la neve si scioglie ed emergono uno dopo l'altra i frutteti in fiore. Che spettacolo! Vincent non ha parole. Ha sempre guardato con occhio da naturalista ai fenomeni della terra, da bambino collezionava insetti e la natura ha una presenza magica per lui. Questo risveglio degli alberi nella luce cristallina della primavera mediterranea, sconosciuta sino a quel momento, gli fa produrre una serie di tele che è straordinaria per quantità, qualità, gaiezza. Sembra incredibile dopo il buio parigino, ma il risveglio c'è ed è su tutta la linea dell'essere, come vedremo. In questo prodigioso momento fa un quadro sublime. Non è un frutteto tutto intero, ma sono due alberi intrecciati. Di cui uno è in primo piano e uno appena dietro che si avvolge al primo. Questa coppia di alberi, dipinti dal pittore che si identificava nella torre solitaria del cimitero, sono il nuovo specchio.

Il dipinto ha una fioritura di colore e di luce impossibile da scordare e su cui, per chiunque l'abbia visto, tornerà il ricordo quando incontrerà un albero in fiore. I bianchi sono smaglianti, i rossi tenui, i verdi e gli azzurri dei tronchi stanno sotto il cielo azzurro e si riverberano nel suolo colorandolo con le ombre di colori felici.

A Vincent arriva una lettera che gli comunica la morte di Anton Mauve, il cugino pittore all'Aia e sotto questo capolavoro scrive *Souvenir de Mauve* e chiede a Theo di farlo recapitare alla vedova. Che dedica, che coraggio, che meraviglia. Anton Mauve era il pittore bravo, sensibile e affermato e allo stesso tempo fermo a cinquant'anni indietro. Mauve è anche amico del potente zio Cent, socio della grande casa d'Arte Goupil. Quando Vincent decise di diventare pittore, Mauve gli dette delle lezioni di pittura all'Aia e gli regalò la sua prima cassetta dei colori. Ma Vincent contemporaneamente cominciò a far posare come modella Sien, la donna derelitta, l'infelice, la diseredata da Dio e dagli uomini. Dopo alcuni mesi decise di ospitare Sien, la figlia e il piccolo che sta per nascere nel suo alloggio. Lo scandalo nella famiglia fu enorme. Il padre si adombra, lo zio ammiraglio si infuria, lo zio Vincent lo diseredà e Anton Mauve gli fa un aut-aut: o lui o Sien. Vincent sceglie Sien. È dalla parte del dolore, è della parte dell'infelicità, è con chi soffre. Ma Mauve ora è morto, lui è ad Arles felice come forse mai lo è stato e scrive questa dedica. La morte allontana gli attriti e fa emergere i ricordi positivi: «*Souvenir de Mauve*».

Peschi in fiore, «Souvenir de Mauve», Arles, fine marzo 1888, Kröller Müller Museum, Otterlo, 73x59,5 F 394

Peschi in fiore, Arles, aprile 1888, van Gogh Museum, Amsterdam, 40,5x30,5 F 1469

Frutteto, Arles, aprile 1888, Kröller Müller Museum, Otterlo, 65x81 F 513

Saltiamo ora ad un momento di esaltazione. Siamo ormai a due anni di distanza dalle scarpe parigine (solo due anni, ma appare un secolo) e van Gogh è riuscito in una impresa importante. Ha affittato una casa ad Arles, e la piccola casa gialla, come la chiama, sembra un sogno che si materializza. Ci vuole creare una comunità d'artisti che possano vivere insieme e allo stesso tempo vendere le opere in una società cooperativa. L'idea era stata studiata nei dettagli e ripetutamente descritta a Theo e aveva avuto nella scuola di Barbizon dei paesaggisti francesi di metà Ottocento e nel gruppo di pittori ed amici che contemporaneamente vivevano in Bretagna, alcuni riferimenti. Per iniziare il progetto è riuscito a far stipulare un accordo commerciale tra il recalcitrante Paul Gauguin e Theo. Vincent è in fervida attesa di Gauguin che deve assumere il ruolo di maestro dell'*Atelier du Midi* e decide di «decorare», come dice lui stesso, la casa con una serie di quadri grandi di girasoli: ne dipinge quattro tra il mese di agosto e quello di settembre del 1888.

Ebbene, avete mai visto un quadro dei suoi girasoli, soprattutto il più forte e bello che è quello della National Gallery di Londra (vale il viaggio da solo, anche se non avete più 17 anni). Ebbene se avete visto GIRASOLI sapete di cosa parlo. I fiori sono vivi, sono forti, sono belli, sono pieni di energia, sprizzano forza. Sono essi stessi felici, sono letteralmente esseri di un coro di accoglienza e di omaggio.

La forma abbacinante del colore agisce per contrasto, sì, ma tono su tono. Uno, due, cinque, mille gialli a cominciare dallo sfondo di un indicibile cromo limone, ai petali di giallo dorato, ai bulbi ocra e picchiettati in rilievo. E poi la forza delle forme e la singolarità delle parti: foglie, petali, steli, semi e contro semi indagati con occhio da naturalista e, allo stesso tempo, l'assenza, tutta giapponese, di tridimensionalità prospettica. Come se questa vivezza fosse quella che emana una vetrata di una cattedrale e i girasoli siano, anzi sono, santi e martiri risorti.

Insomma van Gogh qui ci ricorda alcune componenti assolute dell'arte. Il rischio della visione estetica, l'associazione inaspettata e imprevedibile che si scopre nel sogno quando le cose si incollano liberamente, per una via impensabile in partenza e che rende l'atto creativo soluzione di un problema che prima non poteva neanche essere nominato. I girasoli diventano esseri che vibrano annunciando un arrivo

Girasoli, Arles, c. 20
agosto 1888, Natio-
nal Gallery, Londra,
73x93 F 454

e, come l'arte più antica e primitiva, contengono in sé l'auspicio magico dell'evento benigno.

Naturalmente, come abbiamo anticipato, vi è un altro livello. Gli oggetti sono anche specchi di noi stessi e la camera che Vincent dipinge nello stesso clima di attesa dei girasoli diventa l'emblema di questa personificazione. La stanza è un autoritratto, gli oggetti «sono» il pittore. Il letto di legno massiccio, la coperta, la brocca, lo specchio, l'asciugamano, i ritratti degli amici alle pareti e le sedie creano una comunità festante e in attesa della nuova vita che animerà la scena. Gli oggetti, vivono e allo stesso tempo infondono vita in una circolarità esaltante ed esaltata.[15]

Camera di Vincent, Arles, c. 17 ottobre 1888, van Gogh Museum, Amsterdam, 70x92 F 482

Del dipinto della camera sottolinea lo sforzo di comunicare un ambiente rassicurante, ma essa nasconde molto di più. Durante l'estate aveva ripetutamente dipinto lo spazio del giardino pubblico, con quadri che spesso raffigurano innamorati [v. p. 79] e con titolazioni che hanno a che vedere con l'amore. Questo tema è ricorrente anche nelle lettere di questo periodo:

Un tessitore, un cestinaio, passano spesso delle intere stagioni interamente soli o quasi con il loro mestiere come unica distrazione.

Ma ciò che fa si che quella gente resti ferma sul posto, è il senso della casa, l'aspetto rassicurante e famigliare delle cose; certo che mi piacerebbe la compagnia, ma se non ne ho non sarò per questo infelice e poi soprattutto verrà il momento in cui avrò qualcuno. Non ho alcun dubbio. (...) Ora comincio a vedere meglio la bellezza delle donne di qui (...). Credo che la città di Arles sia stata in altri tempi molto più gloriosa per la bellezza delle donne che non per quella dei costumi.

Milliet ha avuto fortuna, ha arlesiane quante ne vuole, ma ecco che non riesce a dipingerle, e se fosse pittore, non ne avrebbe. Bisogna che io aspetti la mia ora senza forzare nulla.[16] (...)

In questo momento ho per il lavoro una lucidità o un'accecamento da innamorato.[17]

Nella camera tutto è doppio: due cuscini, due dipinti, due disegni e due sedie: «verrà il momento in cui avrò qualcuno»... «bisogna che io aspetti la mia ora senza forzare nulla» e soprattutto ... «ho una lucidità o un accecamento da innamorato». Insomma troppi elementi convergono attorno a questa stanza di nuovo promessa e attesa, con la differenza rispetto ad altri quadri in cui van Gogh gioca sul tema dell'attesa, che qui si tratta di uno dei capolavori di tutta la storia della pittura.

Due mesi più tardi van Gogh dipinge ancora due quadri, che sono in realtà due ritratti sotto sembianze di sedia, ma ormai la situazione è radicalmente mutata.

La sedia di Vincent, Arles, c.
15 novembre 1888, Natio-
nal Gallery, Londra,
73x93,5 F 498

Van Gogh ha dipinto più di trenta autoritratti che cadenzano la propria auto percezione in un complesso intreccio tra il proprio io, l'essere mondo, le lotte interne ed esterne. Ci sono quelli scuri e meditabondi del periodo di Anversa, i ritratti borghesi con cappello e cravatta di Parigi e quelli al lavoro, con il cappello di paglia e la pipa o con il cavalletto sulle spalle, o ancora quello da Bonzo giapponese (v. p. 4) o gli ultimi, contraddistinti da un tormentato avvolgersi dentro di sé, in cui anche il mondo gira, facendo perdere ogni riferimento attendibile.

Ma di tutti, forse, è LA SEDIA DI VINCENT, l'autoritratto più struggente. La sedia è sola, disperatamente sola; sta in uno spazio irreale con una prospettiva in cui il pavimento pare innalzarsi. In una cassetta ci sono delle cipolle o forse sono dei girasoli memoria di un'altra stagione e ora abbandonati a sé stessi. Il colore è vivido, di un giallo cromo limone che emana una atmosfera tesa. Altri oggetti evocano il pittore, come la carta del tabacco e la pipa sull'impagliato. Una solitudine estrema si propaga. La sedia salta fuori dal quadro, quasi quanto i girasoli di due mesi prima. Ma salta per urlare, salta per una pressione accumulata dentro. Qual'è questa tensione? È quella accumulata nei mesi passati con Gauguin ad Arles. Sono mesi affascinanti e duri, di speranze e cocentissime delusioni. Van Gogh accoglie l'amico, nella casa preparata come avamposto della colonia di artisti da ospitare al Sud. Van Gogh ama Monticelli (che crea una pittura densa, materica e dai colori accesi), ama Millet, ama o meglio può capire Courbet. Gauguin ama invece Raffaello e Ingres... Ingres? Ma come si fa, pensa Vincent. Quanto c'è di più lontano da Millet, da Monticelli, da Delacroix? La ragione della differenza è in realtà chiara; Gauguin persegue l'avvento del libero arbitrio in pittura, arbitrio che è, prima di tutto, piena affermazione dei valori decorativi, non referenziali della rappresentazione. Forse il quadro più importante che Gauguin ha dipinto, appena prima di partire per Arles, è VISIONE DEL SERMONE che rappresenta delle contadine che ascoltano un prete in un surreale paesaggio bretone.

Le contadine, il prete, la lotta tra Giacobbe e l'angelo evocati dal sermone convivono tutti insieme in una scena in cui sogno e realtà sono mescolati. Non è la vicenda biblica, né la vita reale che vale, ma quello che conta è la ricerca libera di forme e accostamenti. Semmai questa arbitrarietà può rimandare al sogno e alla magia, in una strada che diventerà progressivamente licenziosa e che, in ogni caso è tutta diversa da quella, di van Gogh. Per Gauguin gli oggetti sono sagome depauperate, sterilizzate della loro vita, per poter essere effigie decorative e per questa via illudere i semplici e gli ingenui.

Due mondi opposti, amori opposti, indoli opposte si scontrano progressivamente nelle nove settimane di convivenza. Gauguin ritrae van Gogh che dipinge i girasoli. Il ritratto è una distillazione onirica, in cui mostruosa si rivela la megalomania di Gauguin (cfr. Druick 2010 pp. 234-238). Gauguin è un artista altrettanto grande e forte e originale, ed indispensabile alla storia, ma il suo cinismo delle persone e delle cose non può non scontrarsi con la disperazione dell'essere di van Gogh. E van Gogh dipinge LA POLTRONA DI GAUGUIN. (v. p. 43) Anche qui solitudine. Presenza irreale nello spazio. Violentissime pennellate viola segnano la poltrona. Due libri e una candela parlano dell'occupante in sua assenza.

Alcuni giorni prima di separarci quando la mia malattia mi ha obbligato ad entrare in una casa di cura, ho cercato di dipingere "il suo posto vuoto". È uno studio della sua poltrona di legno bruno rosso scuro, con il sedile in paglia verdastra, e al posto dell'assente un candelabro acceso e dei romanzi moderni.[18]

Il dramma si compie nella notte del 23 dicembre del 1888. I due artisti litigano violentemente. Van Gogh porta il lobo di un orecchio fasciato in un pezzo di carta a una donna di cui troppo poco si sa, ma su questo torneremo.

La cattedrale e il giardiniere

Nell'inverno del 1885 durante il suo breve soggiorno ad Anversa, per spiegare a Theo che i modelli sono la strada più rapida per progredire, van Gogh scrisse:

Preferisco però dipingere occhi umani che cattedrali perché negli occhi c'è qualcosa che nelle cattedrali non c'è, per quanto solenne ed imponente possa essere, lo spirito umano, sia pure di un povero mendicante o di una passeggiatrice, mi interessa di più.[19]

La chiesa di Auvers, Auver-sur-Oise, c. 1 giugno 1890, Museo d'Orsay, Parigi, 74x94 F 789

Tronchi di albero e radici, Auvers-sur-Oise, c. 25 luglio 1890, van Gogh Museum, Amsterdam, 50,5x100,5 F 816

Ma la frase, come abbiamo capito, può anche essere letta al contrario: se non posso sempre dipingere persone, dipingo comunque nelle cose l'anima. Un tema che abbiamo già incontrato e che aveva esplicitato in questo passo scritto proprio nel suo primo anno di lavoro come pittore:

> Sempre più sento che il disegno di figura è un'ottima cosa, che indirettamente, agisce favorevolmente sul disegno di paesaggio. Se si disegna un salice come se fosse un essere vivente (e in definitiva lo è veramente) tutto il resto segue con facilità. Basta concentrare ogni attenzione su quell'unico albero finché si è riusciti ad infondergli vita.[20]

Ora uno degli ultimi dipinti di van Gogh a poche settimane dal suicidio è LA CHIESA DI AUVERS-SU-OISE, una piccola costruzione gotica che qui appare una cattedrale. Al solito, l'oggetto è talmente forte, talmente espressivo, talmente incombente da risultare vivo. Allo stesso tempo il quadro presenta un bivio: a sinistra una donna di spalle che se ne va e a destra la strada verso il cimitero che aspetta. La morte, e con essa il ritorno alla orizzontalità della terra, è evocata in una dozzina di quadri tutti dell'ultimo mese di vita (v. pp. 60-62). RADICI DEGLI ALBERI, fa parte di questa serie orizzontale, ed è forse l'ultimo suo dipinto[21]. Qui l'impersonificazione è massima e il presagio straziante.

Van Gogh dopo il crollo del Natale del 1888 e la crisi dell'orecchio tagliato è trovato quasi senza vita e semi-dissanguato nel suo letto dalla polizia. Viene portato in ospedale, curato per la ferita e dimesso il 26. Ma il giorno dopo ha la prima crisi della sua malattia.[22] Lo stress, la fatica, l'abuso di alcool e tabacco insieme al fallimento del progetto dell'Atelier del Sud hanno grandemente contribuito alla sua nevrosi. Il 7 gennaio viene dimesso e ricomincia a dipingere.[23] E avviene la seconda tragedia. Il pittore olandese ormai è deriso, sbeffeggiato, preso a sassate dai ragazzini quando esce. Ormai è ufficialmente un diverso. La casa gialla da luogo di speranza diventa un fortino asserragliato. Tirano sassi, rompono vetri. Certo reagisce. Risultato: i cittadini scrivono una petizione: l'olandese deve essere isolato, è un pazzo pericoloso. E Vincent, da sano, è legato ed internato in cella. A maggio del 1889 dopo quattordici mesi di soggiorno ad Arles che hanno inciso nella storia del-

la pittura, si fa ricoverare di sua spontanea volontà nella Casa di cura Saint-Paul-de-Mausole a Saint-Rémy, a 25 chilometri da Arles. E lì alterna periodi di crisi orribili a periodi di lucidità estrema, di quasi insuperabile lucidità espressiva. E forse, forse un esile filo di speranza, ogni volta rinasce.

Nel settembre del 1889, nasce RITRATTO DI CONTADINO, IL GIARDINIERE, che per fortuna è a Roma. Il giardiniere, (che forse è anche la persona che lo accompagna quando può uscire dalla Casa di cura per andare a dipingere nei dintorni), vive della natura e nella natura e lui stesso emana una forza vitale, un indimenticabile energia. Ha questo sorriso velato, ma presente, che dal viso si muove ai vestiti, dai vestiti allo sfondo, dallo sfondo al cappello e di nuovo agli occhi in un vortice.

Se nelle cattedrali ci sono gli occhi e l'anima delle persone, nelle persone c'è insieme tutto il creato.

Ritratto di contadino ,*«Il Giardiniere»*,
Saint-Rémy-de-Provence, settembre
1889, Galleria Nazionale d'Arte
Moderna, Roma, 61x50 F 531

Van Gogh nell'immaginario comune è il pittore del sole giallo e della luce piena. Se si pensa alla sua pittura ad occhi aperti si vedono subito non solo i girasoli, ma il famosissimo dipinto della PIANURA DELLA CRAU. Una sinfonia di gialli, resi piatti nella sovrapposizione dei piani paralleli che evocano la profondità senza linee prospettiche, ma per giustapposizione. È un quadro che crea il sogno di una pianura viva, abbacinante in una sorta di ibrido tra un Giappone sognato e la realtà della pianura provenzale assolata. Ma se si socchiudono per un attimo gli occhi, e si guarda all'opera intera, emerge un dato. Van Gogh non è solo il pittore del sole, ma è il pittore della notte. Eh sì, la notte; il buio forse mai ha avuto tanti colori e tanti significati come in van Gogh. Vincent ha dipinto i colori della notte in un numero assolutamente straordinario di opere,[24] cominciando sin dai primi mesi della sua attività.

Il presbiterio visto dal retro al chiaro di luna, Nuenen, novembre 1885, Collezione Privata, 41x54,5 F 183

I mangiatori di patate, Nuenen, c. 20-28 aprile 1885, van Gogh Museum, Amsterdam 114x82 F 82

La pianura della Crau, Arles, c. 10 giugno 1888, van Gogh Museum, Amsterdam, 72,5x92 F 412

33.

34.

Terrazza del caffè di notte a piazza del Forum, Arles, c. 12 settembre 1888, Kröller Müller Museum, Otterlo, 65,5x81 F 467

Interno del caffè di notte, Arles, c. 7 settembre 1888, Yale University Art Gallery, New Haven, 70x89 F 463

All'inizio era una notte bituminosa, scura, contadina, romantica come ne IL PRESBITERIO con la casa del padre che emerge dall'ombra accanto alla propria casupola. Dentro quelle case, soprattutto le più povere, c'è il desco dei suoi MANGIATORI DI PATATE.

Nella terrazza del CAFFÈ A PIAZZA PIAZZA FORUM, van Gogh dipinge dal vero con in testa il cappello e le candele con le mollette che si mettono sugli alberi di

Natale. E la notte urbana, la notte moderna, la notte di Arles diventa tutta un'altra cosa. È la notte dei colori fosforescenti delle luci a gas: non pesa più sulla terra scura e contadina, ma accende una modernità tumultuosa popolata da mille colori artificiali. Ora è proprio l'aggettivo artificiale, la chiave per capire «sempre» l'uso del colore di van Gogh. Naturalmente, nell'esterno del caffè i colori sono artificiali anche perché sono quelli meccanici delle lampade che fanno rimbalzare il giallo portentoso della tettoia, che accendono la pedana arancione, che picchiettano l'acciottolato di arancio, di azzurro, di ocra, che fanno diventare blu di Prussia il portone e lillà le pareti delle case e blu cobalto il cielo con i fiori bianchi delle stelle. Ma i colori di van Gogh sono artificiali, anche quando dipinge di giorno. Anzi è proprio attraverso questo tenacemente perseguito uso forzato e arbitrario del colore che van Gogh entra di prepotenza nella storia della pittura post-impressionista. La modernità, in questa fase storica di fine Ottocento, infatti non può non essere analitica, scientifica, astratta, appunto, artificiale. Seurat ha un approccio rigidamente scientifico, anti-naturalistico, alla teoria del colore che indaga attraverso le nuove scoperte dell'ottica. Cézanne tende ad annullare, in alcuni quadri, il colore, per far prevalere la meccanica scomposizione degli oggetti. Gauguin dà una interpretazione onirica e decorativa del colore. Van Gogh studia appassionatamente la teoria cromatica dei complementari e la usa per esaltare delle cose l'intima espressione, il significato che esse condensano ed emanano. Il colore per van Gogh deve essere, vorremmo dire "storicamente", anti-naturalistico.

La notte, naturalmente, è anche il regno del mistero, quando possono accadere cose spaventose. Dipinge un quadro di INTERNO DEL CAFFÈ. Così lo descrive:

Mio caro Theo,

Mille volte grazie della tua buona lettera e dei trecento franchi che conteneva; dopo qualche settimana di guai ne ho avuta molto migliore. È vero che i guai non vengono da soli, e neppure le buone notizie. Poiché proprio oppresso da questa difficoltà di soldi con il padrone di casa, avevo preso la mia decisione a cuor leggero. Avevo ingiuriato il detto padron di casa, che dopo tutto non è un cattivo uomo, e gli avevo detto che per vendicarmi di avergli pagato tanto denaro inutilmente, gli avrei dipinto tutta la sua sporca baracca in modo da rimborsarmi. E infine con grande gioia del padrone di casa, del postino che ho già ritratto, dei curiosi nottambuli e di me stesso, ho lavorato durante tre notti a dipingere, dormendo durante il giorno. Spesso mi sembra che la notte sia molto più viva e più riccamente colorata del giorno. Ora per ciò che si tratta di riavere i soldi dati al padron di casa attraverso la mia pittura, non insisto, perché il quadro è tra i più brutti che ho fatto. È l'equivalente, benché diverso, dei mangiatori di patate.

Ho cercato di esprimere le terribili passioni umane con
il rosso e il verde. La sala è rosso sangue e giallo spento,
un biliardo nel mezzo, quattro lampade giallo limone che
spandono una luce arancione e verde. E ovunque una lotta
e una antitesi dei verdi e dei rossi più diversi, nei personaggi
di piccoli teppisti che dormono, nella sala vuota e triste,
in viola e blu. Il rosso sangue e il verde giallo del biliardo
per esempio contrastano con il verde tenero Luigi XV della
cassa, dove c'è un mazzo di fiori rosa. I vestiti bianchi del
proprietario, che veglia in un angolo di questa fornace, di-
ventano giallo limone, verde pallido e luminoso.[25] (...)

Nel mio quadro del Caffè di notte, ho cercato di espri-
mere l'idea che il caffè è un posto dove ci si può rovinare,
diventar pazzi, commettere dei crimini.[26]

Ed ora facciamo un ultimo salto. van Gogh è internato nella Casa di cura di Saint-Rémy. Il 19 febbraio 1890 fa una gita ad Arles, che è poco lontano. Al ritorno ha una spaventosa ricaduta della sua malattia e rimane prostrato sino a tutto aprile. Solo a maggio ricomincia a dipingere, fa otto quadri prima di lasciare l'Asilo di Saint-Rémy per la sua ultima tappa. Tra questi c'è una COPPIA CHE CAMMINA TRA GLI ALBERI D'OLIVO SOTTO LA LUNA CRESCENTE (v. copertina). Di nuovo un notturno. L'uomo, senza alcun ombra di dubbio, è lui stesso. È rosso di barba e capelli e indossa la famosa casacca blu. Non sono abbracciate le due persone, camminano soltanto accanto. Lei parla indicando la luna, lui ha una mano verso la terra.[27] Quando, sempre più preoccupato dalle crisi che non lo abbandonano, ritrae il giardino della Casa di cura così scrive:

(...) il primo albero è un tronco enorme, colpito dal
fulmine e segato. Ciononostante un ramo laterale si lan-
cia verso l'alto e ricade in una cascata di aghi verde scuro.
Questo gigante tenebroso - come un orgoglioso sconfitto -
contrasta, considerato come essere vivente, col pallido sorri-
so di una ultima rosa di un cespuglio che appassisce in
faccia a lui.[28]

Se l'albero è lui stesso, chi è la rosa?

A d d e n d u m

Quanti dolori, quanti misteri, quanti messaggi nascosti Vincent ci lascia![29] Ma forse almeno di uno, il più importante e misterioso dobbiamo parlare. Facciamo un passo indietro e guardiamo la camera che abbiamo già incontrato. Guardiamola con attenzione, con molta attenzione. E soffermiamoci sui dettagli. Sul tavolino gli utensili della pulizia. Una spazzola e altri oggetti..., e poi, i due guanciali, le due sedie, i quadri alle pareti ... questo capolavoro dell'arte nasconde una serie di misteri, una serie di messaggi. Cerchiamoli, dando la parola a un Vincent che avrebbe potuto scrivere:

Giardino della casa di cura Saint-Paul, Saint Rémy, c. 30 ottobre 1889, Folkwang Museum, Essen, 73,5x92 F 660

Arles, 4 febbraio 1889

Caro Theo,

ieri ti ho spedito una lunga lettera in cui ti ho fatto anche un cenno al fatto che sono riandato a trovare la ragazza che aveva vissuto la mia prima crisi drammatica del 23 dicembre. La crisi che ha prodotto la definitiva rottura con Gauguin e la sua partenza. Ora io credo che tu debba sapere come è andata veramente tutta la storia, della crisi tra Gauguin e mia e voglio che una volta per tutte tu sappia la verità. Gauguin ed io abbiamo vissuto nove settimane di fertilità creativa sovrumana. Tu sai bene che io ho prodotto e sperimentato molto nel nostro periodo insieme. Ho cercato di far sentire a Gauguin quello che io sentivo, i luoghi che amavo, e che spesso abbiamo dipinto insieme. Ciascuno con il nostro sguardo. Non so se sia riuscito a far sentire un poco quello che io sentivo e se la mia visione abbia influenzato la sua. Io ho cercato di assimilare il modo di Gauguin di pensare alla pittura, per la sua via di immagine di sogno e di pensiero rimosso dal reale immediato. Ed ho fatto tra l'altro anche quel quadro della mamma e di Wil nel giardino del presbiterio di Etten e anche altre cose ho pensato e sperimentato sulla base del suo lavoro e della sua visione. Ma come sai le nostre personalità si sono progressivamente scontrate. Sentivo che il mio desiderio di fare qui nella piccola casa gialla un atelier comune, agli occhi di Gauguin era diventata una cosa da sognatore romantico. Mi è venuto anche in mente che in fondo Gauguin, che ha un'anima pragmatica e un poco cinica, che a volte mi fa pensare al suo essere stato un agente di borsa, è un calcolatore di professione e abbia alla fine accettato il nostro invito ad Arles più per l'alleanza con te, come canale per vendere le sue opere, che con me come pittore e compagno di strada. Anche se, come sai, anche per il mio sincero apprezzamento per la sua grande arte, io mi sono spesso umiliato, quasi al rango di allievo nei suoi confronti. In ogni caso, Theo, e lo ribadisco, noi insieme abbiamo prodotto un ciclo di arte fortissima. E scommetto che nel futuro questo lavoro comune, queste nove settimane qui ad Arles nella piccola casa gialla, interesseranno molti.

Comunque accanto alla fatica sovrumana della pittura, devi capire che noi abbiamo abusato ogni oltre limite di noi stessi. Abbiamo mangiato pochissimo e in maniera irregolare, abbiamo fumato quantità enormi di tabacco e bevuto questo assenzio che produce soprattutto se usato a fiumi come noi facevamo, vere e proprie allucinazioni. Eravamo progressivamente logorati nella mente e nel corpo. Sai, io sono testardo e non retrocedo mai nelle mie convinzioni. Anche se ho voluto sempre rispettare in Gauguin il maestro io non potevo, a pena di tradire se stesso, dire di amare quei pittori come Ingres o Raffaello che lui ama. Lui invece disprezza Monticelli, irride Millet. Quante discussioni. Soprattutto dopo quella gita a Montpellier per vedere Courbet e il museo, che piuttosto che un momento felice e di riunione si è rivelata una nuova occasione di attrito per le grandi divergenze sull'arte tra di noi.

Ora, oltre alle differenze sull'arte dei maestri, è anche ovviamente sul nostro e sul mio stesso lavoro la divergenza. Vi è stata una sorta di continua umiliazione di me stesso umiliando le cose che io amo. E il fatto che le vendite a Gauguin vadano così bene in questo periodo e le mie così tragicamente male, certo non mi ha aiutato.

Inoltre, oltre all'assenzio e al tabacco, c'è stato anche l'abuso del postribolo qui della nostra piccola Arles.

Gauguin è un divoratore di donne, ancora più di Milliet.
Ma quasi con perfidia, quasi con disprezzo.
Ora Theo, io non te l'ho mai detto, ma fratello mio come
te lo potevo dire! Come ti potevo spiegare dopo la mia
disgraziata avventura con Sien all'Aia (ricordi, quante
disavventure e tradimenti e preoccupazioni...), dopo la de-
lusione con la cugina Kee e prima con Ursule, dopo la
grande sofferenza con Margot dopo l'amore così tormentato con Agostina, come facevo a dirti che mi ero legato
a Rachel! Rachel come Sien lavora in una casa di tolleranza. È una giovane ragazza che a me però dava conforto
e tra noi era nata più di una amicizia. Era una persona
cui io ero vicino, mi sentivo legato nonostante la sua
condizione. Mille cose sono collegate alla fioritura della
mia pittura la scorsa primavera... ma guarda in quanti
miei disegni ci sono coppie abbracciate che camminano
per i campi di Arles. Fratello mio, hai capito! Era un piccolo segnale di rifioritura della mia anima, e in quella
coppia che cammina, sola, contro le avversità del mondo,
io Theo vedevo me stesso con un sogno, una speranza che
all'uomo non deve essere mai negata.
Beh che c'entra Rachel mi dirai? C'entra anche lei fratello.
Perché vedi nella mia crisi tragica con Gauguin (di cui
mi pento amaramente! e che Dio mi perdoni) un poco
c'entra anche lei.
Eravamo nella casa gialla, eravamo nella camera di
Gauguin. Gauguin, come ti avevo scritto, stava per partire e stava finendo di fare i bagagli. E lì... con tabacco e
assenzio a fiumi, spossatezza fisica e mentale e con
l'annuncio dell'addio e della sua partenza definitiva ad un
certo punto io e Gauguin discutiamo sempre più ani-
matamente. Gli urlo il mio rancore, la mia disperazione
per la sua partenza. Gauguin mi dice che io, oltre a tutto
sono un ingenuo e che ... anche la mia passione per

Rachel è una prova della mia ingenuità, della mia debolezza. E che Rachel, checché io dica e pensi, non era altro che una puttana e che lui le aveva fatto questo e quello! Espressioni che non ti riporto.

Theo! non ci ho visto più. Eh sì, me ne pento amaramente ora, vorrei veramente pentirmi di tutti i miei peccati per questo, ma Theo ti ripeto non ci ho visto più. Sono andato nella mia stanza e sul tavolino accanto alla finestra ho preso il rasoio! Oddio Theo, come ho fatto, come ho pensato per un solo attimo questa cosa. Ma che Dio mi perdoni, veramente non ci ho visto più ero fuori di me. Ma forse tutto avrei sopportato e stavo sopportando, ma la cattiveria su Rachel, no, non c'è l'ho fatta e mi sono avventato su Gauguin con il rasoio. Gauguin come sai è ben forte e atletico e mi ha bloccato entrambi i polsi. Quello con il maledetto rasoio e l'altro. E abbiamo cominciato a lottare furiosamente. Io con entrambe le mani bloccate che spingevo e lui che me le teneva serrate e con più forza di me mi spingeva con il rasoio verso il viso. In questa fase con i polsi bloccati, la lama del rasoio spinta da Gauguin mi è finita sull'orecchio e se ne è mozzato un pezzo, il lobo sinistro che si è staccato di netto con un fiotto di sangue. Corro sgomento per tutta la casa, inondandola di sangue. Orrore di entrambi. Ma il sangue, e la tragedia sfiorata ci ha fatto rinsavire almeno un poco. Gauguin ha preso alcune e invece di dormire a casa se ne è andato in albergo. Io mi trovo disperato, solo con un lombo di orecchio in mano. Stravolto da tutto. Dall'ennesimo fallimento di un progetto (era possibile!, non era un sogno!) a cui tu e io tanto avevamo creduto, da Gauguin e soprattutto da me stesso. Cosa avresti fatto tu in queste condizioni, con un orecchio sanguinante e un pezzo del mio corpo che comunque si sarebbe forse potuto riattaccare! Ho fatto l'unica cosa che in quel momento mi sembrava

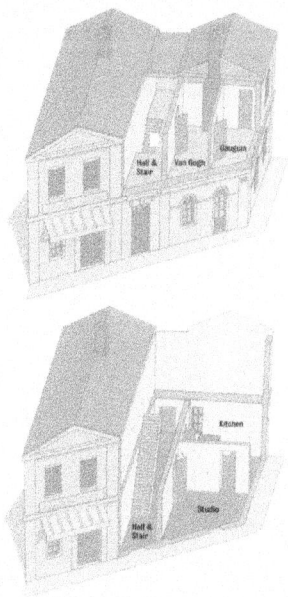

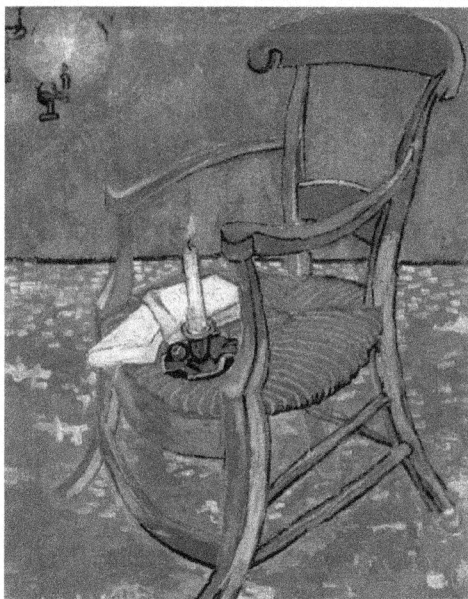

La casa gialla, Arles, 28 settembre c. 1888, van Gogh Museum, Amsterdam 76x94 F 464

Ricostruzione della casa gialla in Place Lamartine, Arles in Druick 2001

La poltrona di Gauguin, Arles, 17 novembre c. 1888, van Gogh Museum 72x90,5 F 499

43.

giusta per proteggere me stesso e Gauguin. Immagina...
potevo andare alla polizia accusando Gauguin di avermelo
mozzato nella lotta? Ma oltre al fatto di accusare il
mio amico, coinvolgendolo in una penosa accusa penale,
anche io ero colpevole, anzi lo ero io ancora più di lui. Potevo
andare all'ospedale stranito come ero... certamente
avrebbero loro chiamato la polizia che avrebbe appurato
la verità? J'unica cosa che nella mia prostrazione del
momento mi sembrava possibile era Rachel. Volevo parlarle,
dirle del tormento della mia vita! Ebbene sono andato
da Rachel nella notte con l'orecchio in un pezzo di carta.
Sì lo so è folle, ma mi sembrava l'unico epilogo. Rachel
era impegnata nella casa e nel suo triste lavoro. Ja incontrai
e le dissi che in quel fazzoletto c'era qualcosa da
custodire preziosamente.
Svenne dallo choc e io più stravolto di lei corsi a casa.
Venne all'alba a casa e mi ha trovato mezzo morto dissanguato
e mi ha salvato la vita perché è andata in
Ospedale. Sono venuti insieme alla polizia, perché era
chiaramente un fatto di sangue e non se ne poteva fare
a meno, e mi hanno salvato la vita, certo. Ma da allora
nulla è potuto essere quello che sognavo. Fratello mio
questa è la verità. Umilmente a te, fratello adorato non
potevo non dirla la verità.
Forse sono diventato folle, forse a volte sono folle, ma è
nel mio lavoro e nella passione assoluta del mio lavoro
che io metto sempre me stesso.
Un abbraccio dal tuo fratello [30]

Vincent

Naturalmente la lettera delle pagine precedenti l'ho scritta io, per cercare di far capire tutti insieme una serie numerosa di fatti. Si fonda però su una serie di scoperte concrete, reali e verificabili da tutti.

Innanzitutto, non è del tutto improbabile che una lettera simile sia esistita veramente e sia andata espunta,[31] oppure potrebbe darsi che Vincent abbia spiegato questa verità al fratello nella visita di Theo ad Arles il 25 dicembre, all'indomani della tragedia. In ogni caso quello che mi preme sottolineare è la attendibilità della ricostruzione della lettera. Partiamo allora con i fatti assodati. Innanzitutto è Vincent che scrive il 3 febbraio 1889 a Theo:

Ieri sono andato a rivedere la ragazza dalla quale ero andato durante il mio smarrimento, mi dicevano che cose simili in questo paese non sono niente anomale: essa ne aveva sofferto ed era svenuta, ma poi ha ritrovato la calma. E del resto si parla bene di lei. [32]

Un altro fatto assodato è quanto pubblica il giornale di Arles:

Cronaca Locale

> La scorsa domenica, alle 11 mezza di sera, un tal nominato Vincent van Goug (sic), pittore - originario dell'Olanda - si è presentato alla Casa di Tolleranza n. 1 e ha chiesto di una tal Rachel e le ha consegnato... il suo orecchio dicendo: «Conserva questo oggetto preziosamente». Poi è scomparso. Informata di questo fatto che non poteva essere che quello di un povero alienato, la polizia si è recata l'indomani mattina a casa dell'individuo, che ha trovato coricato nel suo letto pressoché senza vita. Questo sfortunato è stato ammesso d'urgenza all'Ospedale.[33]

Ora quella del giornale locale del 30 dicembre 1888 è ricostruzione forse deficitaria e forse incorretta, ma colpiscono due fatti. Innanzitutto che non si parli di auto-amputazione, *nessuno* dei testimoni «diretti» parla mai di auto-amputazione eccetto Gauguin stesso e solo molti anni dopo. Il secondo aspetto che colpisce è che si citi, addirittura sul giornale e con tanto di recapito, Rachel. Altri autori concordano[34] - sul fatto che la ragazza possa aver avuto un qualche ruolo nella esplosione di van Gogh. Una frase è veramente rivelatrice a proposito: «In Gauguin il sangue e il sesso prevalgono sull'ambizione» scrisse Vincent a Bernard.[35] Una frase pesante -... il sangue ... e il sesso - che allude all'indole violenta e prevaricatrice di Gauguin. Ed essendoci certezza della frequentazione di Gauguin dello stesso postribolo e immaginando i momenti in cui in questi locali si beveva e discuteva tra avventori e ragazze, come non riconnettere i fatti nella sequenza che ho proposto?

In conclusione la tensione con Gauguin è senz'altro motivata da un serie di ragioni numerose e pesanti, ma è probabile che la ragazza abbia rappresentato la classica goccia che fa traboccare il vaso. La storia è disseminata di rotture di grandi amicizie in cui c'entra una donna, anche se questa naturalmente è solo una probabile ipotesi, suffragata però anche dall'evoluzione successiva.. la richiesta di aiuto - documentata - come il solo apparentemente folle gesto di portare proprio a lei il lobo amputato, e le visite ad Arles nel periodo di Saint-remy.

L'episodio del lobo dell'orecchio portato a Rachel è da leggere insomma come la combinazione di varie concause, di cui la principale è del tutto ovvia. Il lobo poteva essere "tecnicamente" ricucito e io ricordo distintamente un episodio simile, ma van Gogh non poteva andare all'ospedale in quel momento per paura si scoprisse la dinamica della colluttazione e la corresponsabilità di Gauguin.[36]

Gauguin e il ruolo di Theo

Della lotta e della dinamica dell'amputazione, a mio avviso esistono pochissimi dubbi. Vediamo con ordine gli elementi. Il primo fatto che rende attendibile la mia ricostruzione è un piccolo esperimento che consiglio di fare. Prendete un cucchiaio (un rasoio è troppo pericoloso) e provate ad avventarvi su qualcuno più forte che vi blocca le mani. Provate a simulare la lotta con l'oggetto affilato impugnato dall'uno, ma con i polsi bloccati dall'altro. Vedrete che in questa dinamica avviene con notevole facilità quanto descritto nella lettera. E cioè che il rasoio finisca sul lobo sinistro, amputandolo, nel movimento risultante dalla pressione opposta delle due forze!

Un altro argomento che suffraga questa ipotesi è la versione «ufficiale» di Gauguin. Una ricostruzione palesemente inverosimile, ma che come spesso accade combina cose vere e false. Gauguin ne ha trattato in una lunga ricostruzione sul «Mercure de France» dell'ottobre del 1903[37] intitolata *Avant et Après*, la sintesi della «sua» tesi è comunque la seguente, che viene ripresa come vera in innumerevoli libri ed anche in un famoso film degli anni cinquanta.[38]

> Il pomeriggio del 23 dicembre 1888 van Gogh avrebbe rincorso per strada l'amico Gauguin (che in quel periodo era andato a stare da lui ad Arles) con un rasoio, rinunciando ad aggredirlo quando Gauguin si voltò, affrontandolo. Tornato a casa, mentre Gauguin andò ad alloggiare in albergo in attesa di lasciare Arles l'indomani, van Gogh, in preda ad allucinazioni, si tagliò metà dell'orecchio sinistro, lo incartò, lo consegnò ad una prostituta del bordello che era solito frequentare insieme a Gauguin e tornò a casa a dormire. La mattina seguente venne fatto ricoverare dalla polizia in ospedale e ne uscì il 7 gennaio 1889. [da Wikipedia, ma appunto è la tesi di Gauguin in *Avant et Après*].[39]

Ora Gauguin dice il vero scrivendo che van Gogh lo aggredì con un rasoio, ma ovviamente Vincent non è stato fermato dal suo sguardo né si è andato ad amputare l'orecchio come atto di autolesionismo! Gauguin usa una versione che salva completamente se stesso dalle responsabilità. Il fatto abbastanza straordinario è che la sua ricostruzione è falsa e deficitaria di quattro dettagli assolutamente fondamentali. Ora, quali sono questi dettagli e soprattutto che prova ve ne è?. Ed ecco la prova. *È Gauguin stesso che rivela questi dettagli*, e lo fa in una lettera a pochi giorni dal fatto al comune amico Émile Bernard.[40] Vediamo analiticamente di cosa si tratta. Gauguin scrive a Bernard che van Gogh il 23 dicembre gli dice

> «Allora stai per partire» E quando io rispondo «si», lui strappa un pezzo del giornale con questa frase e la mette nelle mie mani «l'assassino si dileguò».[41]

Questo episodio spiega senza alcuna ombra di dubbio che la principale causa della tensione è la annunciata partenza di Gauguin, ma perché Gauguin la omette nella sua ricostruzione ufficiale e ne parla solo in una lettera privata scritta a caldo?

La ragione è ovvia. La prima è appunto l'accusa che van Gogh gli rivolge di "tradimento" del comune progetto dell'Atelier del Sud e la seconda è che Vincent gli dia dell'assassino che "si dà alla fuga". A Gauguin non conviene citare l'episodio perché rivelerebbe la causa principale dell'attrito, e cioè il fallimento del progetto dell'Atelier. Infatti di questo non tratta mai in *Avant et Après*, come se il progetto dell'Atelier du Midi non esistesse, mentre sottolinea continuamente e malevolmente i segni di squilibrio secondo lui già manifestati da van Gogh. Veniamo ad altre due omissioni, ancora più importanti. Gauguin scrive:

> Allora io passai la notte in un hotel, e quando tornai tutta Arles era davanti alla nostra casa. Allora la polizia mi arrestò, perché la casa era coperta di sangue. Questo è quello che accadde.[42] [Segue la versione dell'amputazione del «folle» prima riportata]

Ora attenzione ai dettagli della ricostruzione della lettera di Gauguin a Bernard. Innanzitutto il fatto fondamentale, ovviamente censurato in *Avant et Après*, è che *Gauguin fu arrestato*! Ma è ovvio. La lite furibonda tra i due nella casa, sarà ben stata ascoltata dai vicini. La casa era affianco ad altre in una piazza d'Arles e anche la stazione di polizia è vicinissima! Quando Gauguin scappa all'Hotel, e ritorna l'indomani mattina, la polizia lo arresta, e come può non farlo?

Il terzo dettaglio è la casa coperta di sangue. Questo dà una ulteriore prova alla mia ricostruzione. È nella casa gialla che avviene il fatto. Il sangue dappertutto si spiega appunto con la colluttazione e con la ferita durante la lotta, visto che se uno si auto amputasse l'orecchio, non si capirebbe perché la casa dovrebbe essere poi «coperta di sangue»!

Ma la quarta ancor più fondamentale omissione, tanto importante che Gauguin non ne fa cenno *neanche* nella lettera a Bernard, è il ruolo di Theo. Theo sembra che non sia stato ad Arles e non abbia avuto alcun ruolo nella vicenda a sentire Gauguin! Ci deve essere quindi un motivo ben importante, dietro questa censura.

Per capire ricostruiamo cosa avviene dopo l'arresto di Gauguin. Arrestato e condotto alla caserma la mattina del 24, Gauguin invita la polizia a telegrafare a Theo (Vincent se ne dorrà con Gauguin, rimproverandolo di aver scomodato il fratello nella lettera del 4 gennaio 1889). Ma Gauguin fa telegrafare a Theo non solo per comunicare l'episodio al fratello, ma perché ritiene che Theo possa farlo scarcerare! Avvertito dalla polizia via telegrafo, Theo prende il treno notturno e arriva ad Arles il 25 dicembre a mattina. La stazione ferroviaria è vicinissima alla caserma di polizia, e visto che è Gauguin che lo ha fatto chiamare Theo parla subito con Gauguin. Subito dopo va dà Vincent all'ospedale, che è nel centro della città.[43] Theo, intelligentissimo quanto concreto, capisce la gravità dei fatti *e crea la versione dell'auto-amputazione* che dà alla polizia al ritorno dall'ospedale come quella di Vincent. Mille sono le ragioni dietro questa scelta. Innanzitutto che essa è parzialmente vera - visto che la responsabilità dell'aggressione è di Vincent - secondariamente che il coinvolgimento penale di Gauguin nella vicenda non serve a nessuno, né aiuta a risolvere alcunché e infine che anche Theo è legato a Gauguin di cui ha enorme stima e di cui cura gli affari commerciali.[44] La versione dell'auto amputazione naturalmente scagiona Gauguin. Gauguin, scarcerato, torna con Theo a Parigi in treno la stessa notte del 25 dicembre. Sorprende che nessuno ad oggi abbia così concatenato questi fatti e le fonti documentarie disponibili. Ci auguriamo che questa che è molto più di una ipotesi fantasiosa, sia trattata con rispetto. Che sia confutata se si riterrà, ma che venga riportata correttamente la fonte in questo libro.

Dalla mia ricostruzione si comprende inoltre un altro aspetto della vicenda, altrimenti incomprensibile. Van Gogh nelle lettere successive alla tragedia del 23 dicembre non è mai duro con Gauguin, eccetto che nella già citata occasione, e neanche Gauguin è duro con Vincent. La ragione anche in questo caso è appunto che la dinamica dell'amputazione è nella corresponsabilità tra i due come descritta nella mia lettera e che non conviene più a nessuno tornare in alcun modo sull'accaduto.[45] Gauguin a più di dieci anni dall'evento crea una visione fittizia tutta centrata sulla follia di van Gogh e sul suo ruolo di maestro attribuendosi addirittura la funzione di grande ispiratore artistico dei girasoli che van Gogh aveva dipinto ben prima del suo arrivo! La sua versione passa alla storia ed è un falso clamoroso.

La realtà della vita

Un altro capitolo della vicenda è il rapporto con Rachel, rapporto molto più profondo, appunto, di quanto si sia pensato.[46] Ora ecco gli avvenimenti certi. Attorno al 16 marzo del 1888 van Gogh scrive al fratello di aver assistito all'inchiesta su un crimine commesso davanti a una casa di tolleranza. Una rissa con ben due morti e continua:

ho approfittato dell'occasione per entrare in uno dei bordelli della stradina chiamata: des Ricolettes. Ecco a cosa si limitano le mie imprese amorose nei riguardi delle arlesiane.[47]

Ora è molto probabile che già il 12 marzo 1888 - la data dell'episodio descritto - Vincent abbia conosciuto Rachel. La ragazza viene nominata esplicitamente, come ricordato, sia nel giornale locale del 30 dicembre 1888 che da Vincent stesso nella lettera del 3 febbraio 1889 già riportata. Tralbaut 1969 p. 264 sostiene che «il dottor Leroy, direttore del manicomio Saint-Paul-de-Mausole a Saint-Rémy-de-Provence, dichiarò che Vincent s'era recato spesso, in compagnia di Gauguin, a far visita a questa donna». [48] Ecco dunque una ulteriore conferma, assolutamente fondamentale della rilevanza del rapporto tra Vincent e Rachel. Quanto dice il dottor Leroy inoltre conferma una cosa ovvia, che cioè anche Gauguin abbia conosciuto Rachel, ma soprattutto indirettamente questa citazione conferma la plausibilità di un'altra ipotesi, (visto che il medico è il curante di Vincent a Saint Rémy): una delle ragioni fondamentali per le gite ad Arles durante il ricovero alla Casa di cura di Saint Remy è andare a fare vista a Rachel. Durante il suo ricovero, infatti, van Gogh si reca ad Arles certamente quattro volte: a metà luglio, successivamente alla metà di novembre 1889, per due giorni, poi verso la fine di gennaio e di nuovo nel maggio del 1890, prima di tornare a Parigi. Ora, ci sembra molto plausibile che in queste occasioni vada ancora alla Maison e si incontri con Rachel. Quasi sempre dopo una gita ad Arles Van Gogh ha una crisi. Avviene il 4 febbraio 1889 (nel periodo in cui ancora viveva ad Arles), dopo la gita del luglio 1889, dopo la visita del 18 gennaio 1890. Insomma quasi tutte le crisi di van Gogh sono in rapporto ad una gita ad Arles e ad una probabile incontro con Rachel che evidentemente lo stravolge emotivamente. Questi sono una serie di avvenimenti che testimoniano, anche se l'autocensura sulla vicenda è evidente, la rilevanza del rapporto. Ma non basta, perché sono soprattutto i dipinti che parlano e contengono più di una prova della relazione. Dopo la visita alla Maison e la conoscenza con Rachel nel marzo del 1888 van Gogh ha una vera e propria esplosione di creatività. Sono i mesi dei molti dipinti dei frutteti in fiore e delle varie versioni del famoso ponte de Langlois. Anni prima aveva scritto al fratello:

Non aspiro diventare qualcuno di "straordinario", mi basta essere "ordinario" nel senso che il mio lavoro sia ragionevolmente buono, che abbia il diritto di esistere e che possa servire a uno scopo. Penso che nulla più del vero amore possa svegliarci alla realtà della vita. E non credo che chi è veramente consapevole della realtà della vita possa trovarsi sulla strada sbagliata. Ma a cosa è possibile confrontare quello strano sentimento che è la scoperta dell'amore? Davvero quando un uomo si innamora seriamente, è come se scoprisse un nuovo emisfero.[49]

E per van Gogh questo nuovo emisfero è evidente ed è simboleggiato appunto dalla straordinaria serie dei dipinti della primavera del 1888 (v. p. 21). Il ponte de Langlois è, in particolare, un soggetto a cui Vincent si avvicina molto romanticamente.[50]

Ora il fatto straordinario è che di uno di questi studi, forse il primo, risulti molto rovinato per la pioggia, ma van Gogh sempre tacerà il fatto che invece di riutilizzare l'intera tela, la tagli e decida di conservarne un frammento: sono due innamorati che abbracciati camminano (v. p. 1). Si notino i tratti distintivi delle figure. L'uomo ha un cappello giallo di paglia, esattamente come quello che van Gogh aveva e con cui si ritrasse molte volte. Come se non bastasse, indossa una blusa blu e van Gogh come si sa viveva praticamente in simbiosi con la propria casacca "jeans" da operaio-pittore. Può essere plausibile, oppure no che quel personaggio in aggiunta ad essere un generico marinaio, sia la propria effigie? È così grande il salto da compiere? Inoltre la bella donna giovane che gli è accanto ed è vestita di un rosso sgargiante, ha una figura estremamente vicina ad ulteriori raffigurazioni dei mesi successivi. Secondo me poco importante è che nel frammento le figure siano «unicamente» quella del pittore o di Rachel. La cosa certa è che van Gogh conserva preziosamente il frammento. Il fatto che siano «soltanto» Vincent e Rachel non importa, è come se lo fossero. Nei mesi successivi ad Arles van Gogh dipinge almeno una mezza dozzina di quadri con coppie di innamorati. Uno è stato distrutto dai nazisti perché "degenerato" (F 485). Camminano in un campo di grano o sono nel parco pubblico mano nella mano (v. p. 79) e in due casi l'uomo ha lo stesso abbigliamento che usava Vincent.[51]

Iman, Rachel e i segreti della stanza

Ed ora veniamo alla stanza di cui bisogna notare una serie di dettagli con attenzione. Van Gogh manda a Theo il 16 ottobre del 1888 un primo disegno del quadro. Alle pareti sono schizzati due ritratti: uno – verso la finestra – maschile e uno, con frangetta e scialle, femminile. Al capezzale un nuovo ritratto, che è molto probabilmente quello della madre che ha appena realizzato da una fotografia (v. p. 57 e dettaglio a. p. 60). Il giorno dopo manda una lettera a Gauguin. Lo schizzo è modificato. Al capezzale del letto non c'è più il ritratto della madre, ma un albero, alle pareti di nuovo un ritratto maschile ed uno femminile (v. dettaglio b. p. 60). Ma il quadro che realizza presenta ancora una modifica. Alla pareti appaiono questa volta in un caso Paul Milliet, amico e grande amatore e il pittore belga Eugène Boch, che per van Gogh rappresenta la figura di un poeta (v. p. 61 e 60). Sono evidentemente gli aruspici di un idea di amore (sensuale in un caso e spirituale nell'altro) riuniti nella camera. La camera presenta inoltre un'altra serie di coppie: due disegni, due sedie e in particolare due guanciali.

Come si è detto, nel dipinto della metà ottobre del 1888 è scomparsa ogni traccia di figura femminile. È meglio evocare l'idea dell'amore più sottilmente, con i due ritratti alla parete, piuttosto che con una diretta presenza.[52] Ora però i dettagli dei quadri sono fondamentali. E si sa bene come i pittori nascondano proprio nei dettagli dei messaggi decifrabili solo da pochi. Infatti nessuno a quanto a me risulti se ne è mai soffermato. Ecco che cosa avviene.

Il quadro della stanza ha subito alcuni danni.[53] Van Gogh vorrebbe ritoccarlo, ma Theo gli suggerisce di farne una «copia» perché ha paura che questo capolavoro si possa rovinare. Mentre è a Saint-Rémy, van Gogh riceve di nuovo il dipinto originale e ne fa una copia. E si guardi cosa succede: alle pareti non ci sono più i ritratti di Boch e di Milliet, ma bensì l'autoritratto che dipinge in quei mesi (F 627) e poi, incredibilmente, il ritratto di una donna! (v. f. p. 55). Si guardi il ritratto con i capelli rossi raccolti in alto e i lineamenti sottili. Possono esserci ragionevoli dubbi

Schizzo della stanza, Lettera a Theo 16 ottobre 1888 L. 705

Camera di Vincent, Dettaglio della Toletta, v. intero p. 24 F 482

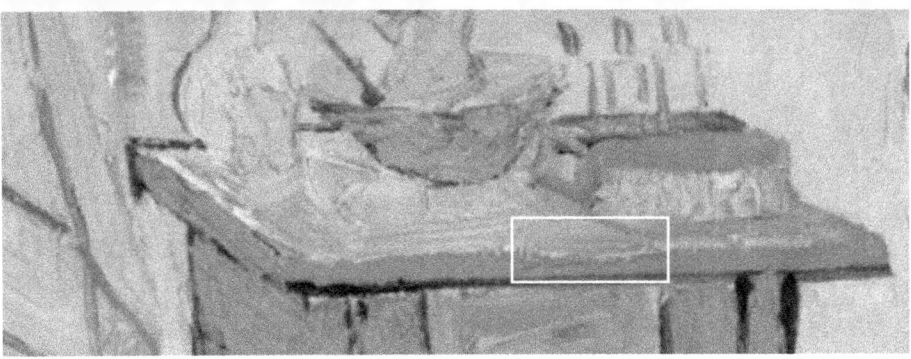

che questa donna posta accanto al proprio autoritratto, sia una donna amata? E che, dopo tutto quello che sin qui si è discusso, questa donna sia proprio Rachel?

Infine una controprova. Van Gogh dipinge anche una versione più piccola del quadro, per mandarlo in Olanda alla madre e alla sorella Wil (v. retro copertina). Ora si guardino ancora i dipinti alle pareti, sono ancora cambiati! In questa versione c'è un nuovo autoritratto e l'immagine di una donna dai capelli scuri (v. p. 60 d.), probabilmente la stessa Wil. Si tratta di una impostazione domestica, per la madre e la sorella, piuttosto che una intima e personale.

Il rasoio

Nella lettera descrivo la scena del dramma. La localizzo nella fase finale dei preparativi di partenza di Gauguin, preparativi che dovevano richiedere diverso tempo visto le ben nove settimane di permanenza. Ora dico che van Gogh prende il rasoio dalla toletta. In nessuna delle ricostruzioni della camera, alcune estremamente dettagliate, vi è menzione del rasoio.[54] Ma se si guarda con attenzione il quadro e il dettaglio della toletta lo si può, secondo me, vedere.

È del tutto comprensibile, che la disgraziata arma, sia stata censurata dalle versioni successive del quadro.[55] Quando i due fratelli si distaccarono dopo la convivenza parigina, Theo scrisse alla sorella:

> Non è semplice sostituire un uomo come Vincent. Ha conoscenze enormi e una concezione assai chiara del mondo. Sono convinto che, se gli resta ancora qualche anno, riuscirà a farsi un nome. Appartiene alla stirpe dei pionieri d'idee che nella routine del quotidiano si smarriscono e perdono brillantezza. E poi, ha un buon cuore e cerca costantemente di far qualcosa per gli altri.
> Tanto peggio per tutti coloro che non vogliono conoscerlo o capirlo.[56]

a.

b.

c.

d.

e.

a. Dettaglio del disegno nella lettera a Theo 16.10.1888 L. 705
b. Dettaglio del disegno nella lettera a Gauguin 17.10.1888 L. 706
c. *Camera di Vincent,* dettaglio v. intero p. 24 F 482

d. *Camera di Vincent «per la madre»* dettaglio, Saint Rémy, settembre 1889 intero Museo d'Orsay, Parigi, 56.5x74 F 483 v. Retro copertina.
e-f. *Camera di Vincent (...)* dettagli, intero p. 55 F 484

Ritratto di Eugene Boch «Il Poeta», Arles, c. 2 settembre 1888, Museo d'Orsay, Parigi, 45x60 F 462

f.

Ritratto del Sottotenente
degli Zuavi Paul Eugè-
ne Milliet, «L'Amato-
re», Arles, c. 25 set-
tembre 1888, Kröller
Müller Museum,
Otterlo, 49x60 F 473

Camera di Vincent con
autoritratto e figura
femminile, «Il Bouquet»,
Saint Rémy, c. 1 set-
tembre 1889, Art
Institute, Chicago,
73x92 F 484

55.

Madame Roulin, «La Berceuse»,
Arles, c. 23 dicembre 1888, 22
gennaio 1889, Museum of
Fine Arts, Boston, 72x92 F
508

56.

Torniamo, dopo questa lunga inchiesta, alla pittura. Nell'arte, a volte, i fallimenti spiegano più chiaramente le ragioni delle opere riuscite. Van Gogh, in quella notte drammatica del 23 dicembre, aveva un quadro sul cavalletto. Era il ritratto della Signora Roulin, la moglie del suo amico Joseph, il postino socialista che ha ritratto più volte così come i membri della sua numerosa famiglia: il giovane Armand, il ragazzino Camille, la bebè Marcelle. Questo quadro si chiama «LA BERCEUSE», la ninnananna. Van Gogh ne dipinge cinque versioni. Era quindi un quadro importantissimo perché, pur nel suo insuccesso artistico, qui si presenta esplicitamente quello che van Gogh cercava.

> *E perciò te lo devo dire - e tu lo puoi vedere nella Berceuse, per quanto quel tentativo sia mancato e debole - se avessi avuto la forza di continuare, avrei fatto dei ritratti di santi e di sante dal vero, e che sarebbero sembrati di un altro secolo, pur essendo gente di oggi avrebbero avuta un'intima parentela con i cristiani più primitivi.*[57]

Questa citazione rende chiaro l'intento. Vincent vuole creare delle icone. Il suo stesso primitivismo («sarebbero sembrati di un altro secolo»), il suo voler essere più reale del reale, il cercare di "animare" quanto dipinge trova qui la sua dichiarazione. Van Gogh riesce incredibilmente nell'impresa con la camera, con le sedie, con i girasoli. Nella BERCEUSE troppo esplicito l'intento per riuscire. E un'altra citazione serve forse a chiarire sino in fondo. In tutt'altro contesto, ecco cosa scrive Vilém Flusser:

> L'universo delle immagini tradizionali, non ancora intorbidito dai testi, è un mondo di circostanze magiche. Un mondo dell'eterno ritorno dell'uguale, nel quale ogni cosa presta significato a un'altra e ogni cosa viene significata da un'altra: un mondo pieno di significati, pieno di dei. E attraverso questo mondo pieno di significato l'uomo vive l'ambiente circostante. Questa è la determinazione della vita nell'immaginazione: *tutto è gravido di significato e ogni cosa deve essere pacificata.* La determinazione della vita fatta di colpa e di peccati.[58]

Si rifletta bene su questa citazione. Van Gogh infonde vita nelle cose, perché lì è la sua contraddizione in termini artistici, lì è la sua sfida. Gli oggetti condensano questo desiderio ed evocano magicamente delle presenze. Van Gogh aspira ad un mondo drammaticamente pacificato. Come nella sua stanza, su cui mille volte insiste, cui vuole attribuire una sensazione di pace assoluta perché «tutto è gravido di significato e ogni cosa deve essere pacificata».

F i o r i

Ma se vi è un quadro che rivela in pieno il nodo terribile tra vita e morte, tra ricerca di speranza e irraggiungibile felicità è il quadro che van Gogh dipinge all'inizio di febbraio del 1889, a pochi mesi dalla morte. Il 31 gennaio la cognata Jo comunica a Vincent la nascita ddi un bambino, cui si dà il nome di Vincent. Esiste finalmente ed insperatamente un nuovo Vincent van Gogh. Dopo il fratello della lapide, dopo lui stesso, ecco un nuovo arrivo. E van Gogh dipinge pazientemente un quadro struggente, un omaggio alla vita. Alla vita del bambino e a quello della coppia felice di Theo e di Jo Bonger. Il quadro è per il loro capezzale. Ora, guardatelo questo quadro. Entrate nelle foglie, osservate i colori, seguite i petali e non avrete dubbio alcuno. Vincent fa vivere questi fiori, come aveva fatto vivere la sua stanza, i girasoli, la Bibbia. Ma la nuova vita è anche la propria condanna. Perché con il bambino e le nuove responsabilità economiche che la famiglia comporta può Vincent ancora imporre a Theo la propria esistenza? Mentre dipinge il quadro ha una crisi acuta, ma dopo appena una settimana si rimette e ricomincia il lavoro. Ma poi arriva ancora una crisi, la sua più spaventosa e lunga. A maggio lascia la Casa di cura. Va a Parigi a trovare la giovane coppia e conosce il bambino di pochi mesi. Poi va ad alloggiare in un locanda di Auvers-sur-Oise, paesino di campagna a una trentina di chilometri appena da Parigi dove vive lo psichiatra dr. Paul Gachet, amico di molti pittori impressionisti e che lo dovrebbe assistere. Dipinge un numero di opere e di disegni esorbitante. Sono un ultimo inno, poi si spara il 27 luglio.[59] Muore nelle braccia di Theo due giorni dopo.

Alla fine di settembre Theo e Jo organizzano in casa propria una mostra delle opere di Vincent grazie anche all'amico Emile Bernard che vi si prodiga. La casa è piena, vengono gli amici pittori, i critici, i quadri sono accostati come Vincent li vo-

leva. Durante il periodo della mostra, Theo ha una crisi terribile ed entra in catalessi, anche lui è impazzito. Muore a febbraio, sei mesi dopo il fratello, a soli 34 anni.

Alla cognata Jo e poi al nipote Vincent, la grande avventura di farli conoscere al mondo. È la vita che vince sempre sulla morte. E quella di Vincent e di Theo è con noi: è nostra.

Rami di mandorlo in fiore,
Saint Rémy, 1 febbraio, 18
febbraio c. 1890, van Gogh
Museum, Amsterdam
73x92 F 671

60.

Campo di grano con corvi,
Auvers-sur-Oise, c. 8 luglio
1890, van Gogh Museum,
Amsterdam, 50x100 F 779

Campo di grano con covoni,
Auvers-sur-Oise, luglio 1890,
Foundation Beyeler Riehen,
Basilea, 50x100 F 809

Paesaggio sotto la pioggia,
Auvers-sur-Oise, c. luglio
1890, National Museum of
Wales, Cardiff, 50x100 F 811

Covoni di grano, Auvers-sur-Oise, luglio 1890, Museum of Art Wendy and Emery Reves Collection, Dallas, 50x100 F 771

Vista della pianura di Auvers, Auvers-sur-Oise, c. 23 giugno 1890, Österreichische Galerie Belvedere, Vienna, 50x100 F 775

Campo di grano sotto un cielo tempestoso, Auvers-sur-Oise, c. 9 luglio 1890, van Gogh Museum, Amsterdam, 50x100 F 778

Il giardino di Daubigny, Auvers-sur-Oise, c. 20 giugno 1890, Collezione Staechelin, Basilea, 50x101,5 F 777

Cascinali, Auvers-sur-Oise, luglio 1890, Tate Gallery, Londra 56x51.5 F 793

Alberi al tramonto con il castello di Auvers, Auvers-sur-Oise, c. 18 giugno 1890, Art Museum, Cincinnati, 50x100 F 770

Cronologia[60]

1852

il 30 marzo nasce morto a Zundert Vincent Willem van Gogh;

1853

il 30 marzo nasce a Zundert Vincent Willem van Gogh;

1855

17 febbraio nasce la sorella Anna;

1857

il 1 maggio nasce Theodorus (Theo);

1859

il 16 maggio nasce la sorella Elisabeth;

1862

il 16 marzo nasce la sorella Willemien (Wil);

1864

il 1 ottobre 1864 frequenta il collegio di Zevenbergen, dove risiede;

1866

3 settembre frequenta il liceo a Tilburg, dove risiede;

1867

il 17 maggio nasce Cornelius (Cor);

1868

il 19 marzo torna a vivere a casa;

1869

il 30 luglio V. diventa apprendista mercante d'arte alla galleria Goupil dell'Aia;

1873

il 13 giugno è trasferito alla sede di Londra; si innamora di Ursule Loyer;

1875

il 15 maggio viene trasferito a Parigi; Ursule si rifiuta di sposarlo;

1876

il 1 aprile si dimette dalla Goupil;

il 1 luglio è aiuto predicatore a Isleworth (Inghilterra);

1877

il 9 maggio inizia a prepararsi per gli esami di ammissione alla facoltà di teologia, il 30 luglio sospende gli studi;

1878

il 23 agosto è a Lacken (Belgio) per frequentare la scuola degli evangelizzatori;

il 26 dicembre parte per il Borinage, nelle miniere di carbone dello Hainaut in Belgio, dove viene nominato evangelizzatore;

1879

il 30 luglio c. la nomina non gli è confermata, ma continua ad evangelizzare come volontario a Cusmes, sempre nel Borinage;

1880

il 20 agosto c. decide di diventare pittore e comincia a dedicarsi assiduamente al disegno con il sostegno morale ed economico di Theo;
ad ottobre si trasferisce a Bruxelles dove fa visita al compatriota e pittore van Rappard;

1881

il 12 aprile si reca ad Etten, vi incontra Theo, e rimane alla casa dei genitori;
in estate si innamora di Kee Sticker, ma viene respinto;
il 31 dicembre si trasferisce all'Aia dove riceve lezioni di pittura dal cugino Antonio Mauve;

1882

a febbraio c. si lega a Clasina Maria Hoornik, detta Sien, che posa per lui;
in aprile rompe con Mauve;
il 15 luglio Sien con la figlia di cinque anni e un neonato si trasferiscono da V.;

1883

l'11 settembre si separa da Sien e si reca nel Drenthe;
nel dicembre 1883 si trasferisce dai genitori a Nuenen;

1884

in marzo stipula con Theo un contratto tra artista e mercante;
in agosto Margot Begemann s'innamora di V. e tenta il suicidio perché la sua famiglia le impedisce di sposarlo;

1885

il 26 marzo muore improvvisamente il padre Theodorus;

il 27 novembre lascia Nuenen per Anversa;

1886

il 28 febbraio c. si trasferisce a Parigi da Theo;

1887

il 2 marzo c. cura la mostra di stampe Giapponesi al caffè Tambourin. Ha una relazione con Agostina Segatori che termina nel luglio;
nel novembre organizza una mostra nel Restaurant du Chalet a Montmartre in Avenue de Clicky, il cosiddetto Piccolo boulevard, con lavori di Anquetin, Bernard, Arnold Koning, Toulouse-Lautrec e propri;

1888

il 20 febbraio arriva ad Arles;
il 10 marzo scrive a Theo esponendo dettagliatamente il progetto dell'Atelier du midi;
il 18 marzo scrive a Bernard annunciandogli un quadro del ponte levatoio, da una settimana circa ha conosciuto Rachel;
il 1 maggio affitta la casa Gialla che adibisce a studio, continua a vivere in una camera di affitto sopra un caffè;
il 6 giugno è a Tarascon e dal 10 al 17 giugno a Saintes-Maries-de-la-mer;
il 17 settembre si trasferisce alla casa gialla;
il 23 ottobre arriva alle cinque di mattina Gauguin;
il 17 dicembre visita Montpellier e il Museo Fabre con Gauguin;
il 21 dicembre Theo annuncia a V. il fidanzamento con Johanna Bonger;

il 23 dicembre lite di V. con Gauguin;

il 24 dicembre Gauguin è arrestato, V. è ricoverato in ospedale per taglio e amputazione del lobo sinistro;

il 25 Theo è ad Arles, va a trovare Vincent, scagiona Gauguin che è scarcerato;

il 26 dicembre V. è dimesso;

il 27 dicembre ha una crisi della sua malattia ed è nuovamente ricoverato in ospedale;

1889

il 7 gennaio è dimesso dall'ospedale;

il 3 febbraio va a visitare Rachel e ne scrive a Theo;

il 4 febbraio ha una nuova crisi ed è ricoverato per dieci giorni;

il 25 febbraio è forzosamente internato, completamente sano, a causa di una petizione di 30 cittadini;

il 23 marzo Signac lo visita e insieme entrano nella casa gialla sigillata dalla polizia, V. nelle settimane che seguono esce durante il giorno per dipingere, ma torna all'ospedale per dormire;

il 17 aprile 1889 Johanna Bonger sposa Theo;

l'8 maggio si reca spontaneamente a alla Casa di cura Saint-Paul-de-Mausole di Saint-Rémy-de-Provence;

il 14 luglio c. è in gita ad Arles; il 16 luglio c. grave attacco e debilitazione per circa due mesi sino a fino agosto;

il 15 e 16 novembre c. è ad Arles;

il 24 dicembre c. grave attacco e debilitazione per una settimana circa;

1890

il 19 gennaio c. visita Arles;

il 20 gennaio c. ha una crisi sino al 31 gennaio c.;

il 31 gennaio nasce Vincent, figlio di Theo e Johanna;

il 1 febbraio c. grave attacco e debilitazione per una settimana circa;

il 10 febbraio scrive ad Albert Aurier, in risposta al primo articolo a lui dedicato dal critico;

il 22 febbraio ha la sua più lunga crisi che si prolunga per circa otto settimane;

Il 16 maggio lascia l'asilo e parte probabilmente da Arles;

il 17 maggio è a Parigi con Theo, Johanna e il bambino; rivede gli amici e i propri lavori;

il 20 maggio si trasferisce a Auvers-sur-Oise dove vive il dr. Paul Gachet;

l'8 giugno Theo, Jo e il piccolo Vincent sono in visita ad Auvers e conoscono il dr. Gachet;

il 6 luglio trascorre la giornata a Parigi per aiutare Theo;

il 27 luglio si spara;

il 29 luglio V. muore all'alba; a fine settembre c. con l'aiuto di Bernard, Theo organizza una grande retrospettiva dell'opera di V. in casa;

il 9 ottobre Theo ha un gravissimo attacco di «dementia paralitica», lo stadio finale della sifilide ed è ricoverato;

1891

il 26 gennaio 1891 Theo muore.

Alberi con edera, «Nascondigli d'amore», Saint Rémy, c. 20 maggio 1889, van Gogh Museum, Amsterdam, 47x67 F 1522

Bibliografia commentata

FAILLE **1928** - Jacob, Baart de la Faille, *L'Oeuvre de Vincent van Gogh. Catalogue Raisonné*, 4 vol. G. van Oest, Parigi e Bruxelles, 1928.

Opera monumentale e lavoro grandioso dello studioso nato ad Anversa, è il primo catalogo ragionato dell'intera produzione di van Gogh con successive edizioni. Quella del 1970 è stata curata da Abraham Hammacher e l'ultima in inglese è pubblicata dall'editrice Alan Wofsy Fine Arts, San Francisco 1992. La citazione F. seguita dal numero fa riferimento a questo catalogo ed è utile per trovare facilmente anche in rete l'opera, in particolare nel buon sito www.vangoghgallery.com.

VAN GOGH **1959** - *Tutte le lettere di Vincent van Gogh*, 3 voll., con una introduzione di Johanna van Gogh - Bonger (ediz. italiana curata da M. Donvito e M. Casavecchia), Silvana editoriale d'arte, Milano 1959.

L'indispensabile riferimento per molti decenni di tutti gli studiosi di van Gogh e allo stesso tempo una lettura di insuperabile intensità. Oggi, dopo tre lustri di preparazione, questa edizione è superata da van Gogh 2009, purtroppo non disponibile in italiano, che è il riferimento per la datazione della corrispondenza e delle opere qui adottata.

ELGAR **1958** - Frank Elgar, *van Gogh*, Fernand Hazan, Paris 1958.

Un saggio denso, ben scritto e convincente nel collegare vita e opere. E non è invecchiato.

TRALBAUT **1969** - Marc Edo Tralbaut, *Vincent van Gogh*, Garzanti, Milano 1969.

Il libro da cui cominciare a studiare seriamente van Gogh, adatto a qualunque età e per qualunque lettore. Tralbaut è uno studioso di notevole livello scientifico e lavora sin da dopo la seconda guerra mondiale riuscendo addirittura ad incontrare testimoni dell'epoca. Il libro intreccia la biografia, dettagliatissima, alla lettura delle opere e offre innumerevoli spunti e suggestioni. Un ringraziamento personale all'autore che, a chi scrive ragazzo, ha rivelato Vincent.

LECALDANO **1971** - Paolo Lecaldano, *L'opera pittorica completa di van Gogh*, 2 voll., Rizzoli, Milano 1971.

Ampiamente basato sull'opera completa di J. B de La Faille del 1928, è un catalogo ben organizzato pur nei limiti di una edizione rivolta al grande pubblico.

HULSKER **1980** - Jan Hulsker. *The Complete van Gogh*, Phaidon, Londra 1980.

Si tratta dell'ultima edizione completa di tutto il lavoro grafico e pittorico di van Gogh. È una edizione filologicamente ineccepibile, ma non del tutto funzionale allo studio delle singole opere.

STEIN **1986** - Susan A. Stein, *Van Gogh. A Retrospective*, Park Lane, New York 1986.

Preziosa fonte documentaria con moltissimi documenti d'epoca, altrimenti di difficile reperimento.

LEEMAN **1988** - *Vincent van Gogh* (con saggi di A. Monferini, R. de Leeuw, et al) De Luca, Roma 1988.

Catalogo della mostra a Roma, la prima italiana dopo molti anni, con esaustive schede filologiche.

LEYMARIE 1989 - Jean Leymarie, *Van Gogh*, Skira-Newton Compton, Roma 1989.

Saggio ineccepibile, acuto e completo con un intreccio valido tra divulgazione e solidità scientifica.

BONAFOUX 1989 - Pascal Bonafoux, *Van Gogh. Selfportraits*, Artline Editions, Parigi 1989.

Pubblicati tutti gli autoritratti e attraverso questi una biografia critica sull'artista.

VAN UITERT 1990 - Evert van Uitert, Louis van Tilborgh, Syraar van Heugten, *Vincent van Gogh. Dipinti*, Arnoldo Mondadori, De Luca Edizioni, Milano e Roma 1990 (in associazione alla omonima mostra al centenario della morte).

Lavoro buono per la cura editoriale e le ottime riproduzioni, ma deludente nell'impostazione culturale in particolare perché si trattava della mostra del centenario della morte al Museo van Gogh di Amsterdam. I curatori optano per una impostazione filologica tesa principalmente a mettere a confronto le diverse versioni di uno stesso lavoro e sulla differenza tra *Tableau* e *Etude*.

VAN DER WOLK 1990 - Johannes van der Wolk, Ronald Pickvance, E. B. F. Pey, *Vincent van Gogh. Disegni*, Arnoldo Mondadori, De Luca Edizioni, Milano e Roma 1990 (in associazione alla omonima mostra al centenario della morte).

Accurata disamina dell'opera grafica con dettagliata cronologia e catalogo con accurate riproduzioni dei disegni esposti alla mostra del centenario alla Fondazione Kröller Müller di Otterlo.

WALTHER 1990 - Ingo F. Walther e Rainer Metzger, *Vincent van Gogh. All the Paintings*, Taschen, 2 voll. Køln 1990.

È la prima opera che pubblica oltre il 90% dei dipinti a colori. Estremamente utile sotto questo punto di vista. I saggi sono molto dettagliati nel riassumere aspetti della letteratura critica e delle conoscenze acquisite sul pittore.

TILBORGH 1999 - Louis van Tilborgh, «"Les Religions passent, Dieu Demeure"», in *Millet van Gogh*, Editions de la Réunion del musées nationaux, Parigi 1998.

Ottimo saggio. Preciso, acuto, della migliore scuola di storia dell'arte.

DRUICK 2001 - Douglas Druick, Peter Kort Zegers, *Van Gogh and Gauguin. The Studio of the South*, con testi anche di B. Salvesen, K. Lister, M. Weaver, Thames & Hudson, Londra, 2001 (in associazione alla omonima mostra).

Eccezionale lavoro (per fortuna anche in edizione italiana) e altrettanto importante mostra. Quanto questi due autori hanno prodotto è forse il più bel libro su van Gogh. Stupefacente la precisione, ampi e illuminanti i rimandi, dettagliata giorno per giorno, sino alle informazioni meteorologiche, la relazione tra Gauguin e van Gogh ad Arles, ma anche valide le pagine sull'evoluzione successiva e sulle vicende antecedenti dei due pittori.

HOMBURG 2001 - Cornelia Homburg, *Vincent van Gogh and the Painters of the Petit Boulevard*, Rizzoli, New York 2001.

Bella mostra e valido catalogo che indaga in molti saggi una fase poco conosciuta di van Gogh nel biennio parigino: il ruolo organizzatore di V. all'affermazione dei pittori del cosiddetto piccolo Boulevard rispetto alla prima generazione di impressionisti.

CHILDS 2001 - Elisabeth Childs, «Seeking the Studio of the South. Van

Gogh, Gauguin, and Avant-Garde Identity», in Homburg 2001.

Interessante e dettagliato saggio.

GOLDIN 2002 - *L'impressionismo e l'età di van Gogh* (Marco Goldin ed.), Linea d'ombra, Conegliano 2002.

Bel volume con una ampia sezione su van Gogh con apporti critici di valore, segnalati in nota.

MARCHIONI 2007 - Nadia Marchioni, *Van Gogh e il postimpressionismo*, Education.it & Il sole 24 ore, Firenze 2007.

Il volume presenta un ampio saggio critico che è un compendio aggiornato e ben organizzato dei molti studi redatti alla data di pubblicazione, con un saggio bibliografico.

GOLDIN 2005 - *Gauguin van Gogh l'avventura del colore nuovo* (ed. Marco Goldin), Linea d'ombra, Conegliano 2005.

Catalogo estremamente ben confezionato e piacevole, con saggi scritti più che dignitosamente e con alcuni, più oltre citati, interessanti.

STOLWIJK 2005 - «"Per una buona causa" Théo van Gogh e Paul Gauguin», in Goldin 2005.

La relazione tra Theo e Gauguin è qui studiata in maniera approfondita ed è stata di utilità a costruire alcuni aspetti della tesi presentata.

VAN HEUGTEN 2008 - *Van Gogh and the colors of the night*, (eds. S. van Heugten, J. Pissarro, C. Stolwijk), MOMA | van Gogh Museum, New York 2008.

La mostra ha il merito di aver messo a fuoco un argomento molto importante dell'opera di van Gogh.

VAN GOGH 2009 - *Vincent van Gogh – The Letters, The Complete Illustrated and Annotated Edition*, (eds. Leo Jansen, Hans Luijten, Nienke Bakker del Museo van Gogh in associazione con l'Istituto Huygens), 6 voll., ediz. Inglese, Thames and Hudson, Londra 2009, ediz. francese Actes sud, Parigi 2009.

Magnifica edizione lungamente attesa. È un lavoro ineccepibile filologicamente, denso di rimandi e di preziose annotazioni che rende agevole e piacevole una piena lettura della corrispondenza organizzata cronologicamente. Sono inserite inoltre sempre le opere d'arte di cui van Gogh tratta. Il Museo van Gogh mette a disposizione di tutti questo enorme lavoro anche nel sito http://vangoghletters.org/vg/, che è forse il più curato mai prodotto su un artista. Si tratta di uno strumento per l'indagine scientifica di alto livello con un'implementazione del database che consente approfondite ricerche incrociate tra le informazioni in esso contenute e riassunti i numerosi rimandi alla letteratura dell'epoca nella corrispondenza.

HOMBURG 2009 - *Vincent van Gogh. Campagna senza tempo - Città moderna* (ed. Cornelia Homburg), Skira, Milano 2010.

Un catalogo ben redatto di una mostra che, pur non presentando le vette del lavoro di van Gogh, è stata ampia e curata anche nel confronto con le opere dei pittori che lo hanno ispirato.

Note

¹ Lettera non autentica, ma verosimile. Ho cominciato a studiare van Gogh nel 1970. Ho letto tutte le lettere due volte, da ragazzino ho collezionato cartoline, stampe e libri. Anche io dipingevo e vedevo in lui, come tanti, una meta da raggiungere. Sono grato alla fortuna che oggi, a 55 anni, mi ha dato la possibilità di scrivere questo piccolo libro. Quanto più rifletto sulla via da percorrere o al capo da cui cominciare a sciogliere l'opera, tanto più penso al trascendentalismo di Frank L. Wright e di Emerson e di Thoreau. Pochi principi base, poche mosse che motivano tutto l'essere e poi tutto l'agire. La calligrafia di van Gogh usata in questo libro è abbastanza fedele. È stata disegnata da J.C. Renner con mie successive modifiche.

² Devo alla conversazione di John Allen «History as Inquiry», Institute of Ecotechnics, Santa Fe NM, ottobre 2010 questo piccolo cenno.

³ Giulio Carlo Argan, *L'Arte Moderna 1770-1970*, Sansoni, Firenze 1970 p. 161. Quel singolo verbo, «*è* », rappresenta il frammento di lievito, il più minuscolo che si possa immaginare, che ha consentito alla tesi esposta in questo libro di crescere negli anni. L'intuizione non è elaborata oltre dal grande storico dell'arte e sindaco di Roma, ma è bastato. Naturalmente molteplici le controprove di questa tendenza all'impersonificazione. Un tema che van Gogh tende a censurare, ma che renderà via via più esplicito, in particolare nel suo periodo di Saint-Rémy, cfr. Cornelia Homburg «Rappresentare città e campagna» in Homburg 2010 p. 32.

⁴ Ne ho trattato se pur brevemente. in *Architettura e Modernità*, Carocci, 2010 (pp. 40-41): «Adesso sono gli oggetti che parlano per se stessi. Il mondo e le cose non sono più soggetti a regole umane, ma emanano la propria interna logica. Si sta compiendo un radicale capovolgimento. Se la visione Rinascimentale poneva al centro l'osservatore, (e aveva trovato nelle regole prospettiche – il quadro, i punti fuga e i punti di misura – le basi di una rappresentazione basata sulla proiezione del mondo sulla retina umana), ora gli oggetti diventano indipendenti dall'occhio dell'uomo. La pittura di Cézanne dà inizio anche dal punto della sensibilità estetica al ribaltamento tra il soggetto che guarda e l'oggetto che esiste indipendentemente dallo sguardo. L'aggettivo fondamentale di questa nuova modalità della visione è analitico. Che vuol dire due cose assolutamente sostanziali: la prima è che ciascun oggetto ha una propria ombreggiatura, un proprio autonomo punto di vista (spesso "assonometrico"), e naturalmente un proprio "arbitrario" colore (anche se quest'ultimo aspetto ha risvolti anche e soprattutto nelle coeve ricerche di altri due pittori - Gauguin e van Gogh - che lacerano se stessi in una furiosa battaglia intellettuale sui diversi risvolti che questo nuovo necessario "arbitrio" comporta.»

Quindi sia van Gogh che Cézanne rendono autonomo l'oggetto, ma in direzioni opposte. L'una meccanica e iper oggettuale, l'altra iper personale e simbolica. D'altronde lo aveva inteso Gauguin che definiva van Gogh «romantico».

Tronchi d'albero con coppia,
(dettaglio), Auvers, c. 22 giugno
1890, Cincinnati Art Museum,
Cincinnati 1890, 50x100 F 773

[5] Van Gogh dipinge un acquerello quando il padre era appena morto e lo spedisce in una lettera a Theo, mentre il quadro è di alcuni mesi successivi, poco prima dell'addio definito alla casa paterna. Non vedrà più né la madre né le sorelle. A proposito del libro *Joie de vivre* posto sotto la grande Bibbia ben si adatta questa frase «Vincent è allo stesso tempo, un oppositivo e un implorante: uno che vuole imporre se stesso e la "sua" logica e ha un bisogno estremo di un padre che avalli le sue scelte.» Vittorio Cigoli, «Nostro fratello Vincent. Alla ricerca della personalità» in Goldin 2002 p. 382. Cigoli si sofferma su la figura psicanalitica della «dipendenza» rileggendo in questa luce anche un brano di una Lettera a Theo del 22-24 giugno 1880 in van Gogh 1959 v. I p. 199 e van Gogh 2009 v. I p. 249. A questo proposito credo di dover aggiungere qualcosa. Il pastore Theodorus van Gogh, andò in soccorso del figlio - un soccorso fisico, morale e finanziario - in varie circostanze: per esempio quando Vincent era in Borinage stremato, riportandolo a casa o quando si trovava a Bruxelles. Questo ruolo «paterno» di aiuto e supporto fu assunto anche dal fratello mentre il padre era ancora vivo, per esempio quando Vincent fu ricoverato all'ospedale dell'Aia, ma ovviamente divenne totale dopo la morte del padre. Voglio sottolineare un dato (che non ricordo di aver letto altrove, ma che è certamente molto sintomatico). Sia il fratello che il padre si chiamano Theodorus, una ulteriore conferma per Vincent: psicologicamente Theo non il è fratello piccolo da proteggere; è il padre. E padre e figlio *creano insieme, costruiscono insieme*. Lo scrisse nella sua ultima lettera, mai spedita, ma che gli fu trovata addosso il 29 luglio 1890 («che per mio tramite tu sei parte della stessa produzione di alcune tele, che anche nella rovina conservano la loro calma.») e che trascrivo in originale:

> je te le redis encore que je considérerai toujours que tu es autre chose qu'un simple marchand de Corots, que par mon intermédiaire tu as ta part à la production même de certaines toiles, qui même dans la débâcle gardent leur calme. (Lettera a Theo del 23 luglio 1890 e van Gogh 2009 v. 6 p. 326.)

[6] Cfr. Uitert 1990 p. 54, Druick 2001 pp. 6-9 e Tralbaut 1969 che ha messo in evidenza il nesso con la morte del padre e il senso di colpa (per i continui attriti tra i due). Sintomatica è la censura di Vincent del livello simbolico del dipinto quando ne scrive al fratello. (Lettera a Theo 28 ottobre c. 1885 van Gogh 1959 v. II p. 457 e van Gogh 2009 v. 3 p. 324.) In realtà la descrizione apparentemente solo tecnica a Theo (che lo invitava a schiarire la tavolozza, mentre van Gogh ostinatamente vuole continuare a perseguire il «colore locale») rivela ancora una volta uno scontro.

[7] La lapide non porta, per buona sorte del piccolo Vincent, il giorno di nascita che è per entrambi il 30 marzo. Tralbaut 1969, fa notare anche altre coincidenze.

[8] Simbolicamente van Gogh scriverà che la torre come tutti i costrutti perirà (infatti nel 1885 ne iniziò la demolizione), ma non l'idea che essa incarna, cioè la religione. Della antica chiesa viene trattato con precisione in Tilborgh 1999. In particolare è interessante notare che la chiesa medievale, rimane un oggetto isolato (perché il piccolo villaggio che la circondava verrà ubicato altrove) e incompleta (non verrà mai ricostruita l'intera chiesa preesistente). La forza simbolica dell'immagine, come fosse un vero e proprio autoritratto, è sottolineata da un altro dettaglio ricordato nel testo: Vincent non manda uno dei quadri della serie a Theo, ma al contrario ne fa dono alla sua vicina di casa Margot Begemann, quando lascia Nuenen.

[9] Druick 2001 p. 75 ricorda i quadri di zoccoli di Millet e fa notare l'urbanità delle scarpe di Vincent, mentre Tralbaut 1969 p. 203 si sofferma sul valore psicologico del soggetto. La forma quale condensato di memoria è una tesi presentata dettagliatamente in Michael Leyton, *Forma come memoria*, Edilstampa 2009, un libro de la Rivoluzione Informatica in Architettura con la mia prefazione intitolata «Storia».

[10] Neanche nella scheda molto recente contenuta in Homburg 2010 p. 251.

[11] Alla mostra del Petit Boulevard hanno esposto Anquetin, Bernard, Koning, Toulouse-Lautrec e lui stesso. Naturalmente questo interno potrebbe anche rappresentare altri ristoranti che van Gogh ha dipinto negli anni parigini per esempio il ristorante Rispal F 355, o la Sirene F 313 e F 312 entrambi ad Asnières, oppure il Chez Bataille F 1392 a Montmartre in cui si recava quasi giornalmente con il fratello e con il compatriota André Bonger, il futuro cognato di Theo, ma in nessuno di questi ristoranti van Gogh aveva organizzato una mostra importante come invece il manifesto e il dipinto presenti in questo quadro rivelano.

[12] Lettera a Gauguin del 3 ottobre 1888 in van Gogh 1959 v. III p. 82 e van Gogh 2009 v. IV p. 304.

[13] F 370, AGOSTINA SEGATORI SEDUTA AL CAFFÈ DEL TAMBOURIN, del febbraio 1887 è il più famoso, il nudo è F 330, ma forse anche altri di nudo ritraggono Agostina, inoltre i ritratti in cui generalmente viene identificata la Segatori sono il F 367 e il F 381.

[14] Lettera a Theo 23-25 luglio 1887 in van Gogh 1959 v. II pp. 561-563 e van Gogh 2009 v. III pp. 367-368.

[15] Lettera a Theo da Arles 16 ottobre 1889 in van Gogh 1959 v. III pp. 87-88. Vincent scrive: «I muri sono lilla pallido. Il pavimento è a mattoni quadrati rossi. Il legno del letto e le sedie sono giallo burro chiaro, il lenzuolo e i cuscini verde limone molto chiaro. La coperta rosso scarlatta. La finestra verde. La tavola di toilette arancione, il bacile blu. Le porte sono lilla. E non c'è altro in questa stanza con le persiane chiuse. La quadratura dei mobili deve rafforzare l'idea di un riposo inalterabile. (....) Le ombre e le ombre rinforzate sono soppresse, il colore è a tinte piatte come nei crêpons.» La lettera a Gauguin del giorno dopo (in van Gogh 1959 v. III p. 535) riprende aspetti della descrizione modificando dei dettagli. Il pavimento non è più «a mattoni rossi» ma «di un colore rosso rotto e sbiadito (...) e siccome nel quadro non c'è bianco lo specchio è bianco con una cornice nera (per completare anche la quarta coppia di complementari)» e finisce come una sorta di promessa: «ne parleremo». Manda anche a Gauguin uno schizzo, presumibilmente più avanzato, con una saliente modifica su cui torneremo.

[16] Lettera a Theo del 23 settembre 1888, van Gogh 1959 v. III p. 56 e van Gogh 2009 v. IV p. 281.

[17] Lettera a Theo del 26 settembre 1888, van Gogh 1959 v. III p. 49 e van Gogh 2009 v. IV p. 288.

[18] Lettera ad Albert Aurier, c. 9 febbraio 1880, van Gogh 1959 v. III p. 269 e van Gogh 2009 v. V p. 198.

[19] Lettera a Theo del 19 dicembre 1885 in van Gogh 1959 v. II p. 501 e van Gogh 2009 v. III p. 331.

[20] Lettera a Theo 12-15 ottobre 1881 in van Gogh 1959 v. I, p. 249 e van Gogh 2009 v. I p. 294.

[21] A lungo si è creduto che l'ultimo dipinto sia il famosissimo CAMPO CON CORVI F 779, Hulsker 1980 indica nel quadro CAMPO DI GRANO CON COVONI F 771 l'ultimo dipinto, mentre Lecaldano 1971 indica proprio in TRONCHI DI ALBERO E RADICI F 816 come l'ultimo dipinto. In nessun caso vi è certezza, ma sicuramente questo dipinto è tra gli ultimi. La ricorrenza nell'ultimo mese di vita di ben dieci tele dipinte nel formato fortemente allungato orizzontalmente del 50x100 non può non fare pensare alla ricerca di un contatto sempre più intimo con la terra.

[22] Secondo gli ultimi studi si tratterebbe di una sindrome maniaco-depressiva o nevrosi bipolare forse in relazione alla sua, anche se mai completamente accertata, sifilide Un saggio aggiornato che riprende molti altri studi sulla malattia è, il già citato, Vittorio Cigoli, «Nostro fratello Vincent. Alla ricerca della personalità» in Goldin 2002 cit.. Sul tema della follia cfr. anche Bruno Guerri, *Follia? Vita di Vincent van Gogh*, Bompiani, Milano 2009.

[23] Nella Cronologia cfr. pp. 63-65 abbiamo ricostruito in dettaglio le date delle varie crisi di van Gogh, tra l'altro quasi tutte in coincidenze con gite ad Arles che compie dalla casa di cura di Saint Remy dove è ricoverato.

[24] Di recente il MOMA di New York ha organizzato una splendida esibizione su questo tema, cfr. van Heugten 2008. Si cfr anche le due importanti mostre (e i relativi cataloghi) organizzate da Metropolitan Museum di New York e curate da Ronald Pickvance *Van Gogh in Arles* (1984) e *Van Gogh in Saint-Remy e Auvers* (1986).

[25] Lettera a Theo del 8 settembre 1888 in van Gogh 1959 v. III pp. 29-30 e van Gogh 2009 v. IV. p. 258.

[26] Lettera a Theo del 9 settembre 1888 in van Gogh 1959 v. III pp. 32 e van Gogh 2009 v. IV. pp. 262.

[27] «Un linguaggio simbolico soltanto mediante il colore» in Goldin 2002 commenta in diversi passi questo di dipinto, tra l'altro soffermandosi sul fatto che di «tutti i quadri dipinti in quel periodo, la passeggiata è uno dei pochi di cui non parlò neppure a Theo, forse perché il dipinto rispecchiava i suoi desideri più profondi.» p. 347.

[28] Lettera a Émile Bernard, 26 novembre 1889 in van Gogh 1959 p. 533 e van Gogh 2009 v. V p. 148.

[29] «Alle volte la storia della cultura diventa un enigma di tale eleganza da rendere incomprensibile l'istinto dei più a occuparsi di altro.» Lo ha scritto il nostro autore Baricco su *La Repubblica* del 9 gennaio 2011.

[30] Naturalmente la lettera è apocrifa, ma i fatti che ricostruisce fedeli.

[31] Johanna Bonger, moglie di Theo, che ha curato la corrispondenza tra i fratelli, ha espunto dalla prima edizione alcune lettere del periodo di Nuenen in cui i due fratelli ebbero attriti. Le lettere sono riapparse nell'edizione del centenario nel 1953, vedi van Gogh 1959.

[32] Lettera a Theo, 3 febbraio 1889, in van Gogh 1959 p. 136 van Gogh 2009 v. IV p. 408. Si noti che la ragazza vuole tranquillizzare Vincent, sostenendo che stranezze del genere sono abituali da queste parti (portare un mezzo orecchio incartato in un bordello non sono mica sorprendenti in questo paese del sud ! «On me disait là que des chôses comme ça ici dans le pays n'a rien d'étonnant.»), ma poi c'è una frase chiave. Ma lei ne ha sofferto, ed è svenuta (lei ha sofferto per me e per il mio dolore ed è svenuta! «Elle en avait soufferte et s'etait éva-nouie») In questa frase traspare l'intensità del rapporto e la forza del nuovo incontro che deve essere stato ben forte se Vincent proprio l'indomani ebbe la seconda crisi della sua malattia.

[33] Trafiletto nel settimanale *Forum Répubblicain*, 30 dicembre 1888. Traduzione dell'A dal francese. L'originale è riportato in diverse fonti tra l'altro in Stein 1986 p. 131.

[34] Hans Kaufmann, Rita Wildegans, *Van Gogh Ohr: Paul Gauguin und der Pakt des Schweigens*, Osburg Verlag, Berlin 2008. Childs 2001 nelle pagine 133-136 si sofferma lunga-mente a interpretare il portare l'orecchio a Rachel come atto d'amore nella cultura giapponese. Su questo tema si era soffermato il volume Armando Favazza, *Bodies under siege: self-mutilation and body modification in culture and psychiatry*, The John Hopkins University Press, Baltimore 1987.

[35] Lettera e Émile Bernard, 1 novembre c. 1888, in van Gogh 1959 p. 528 e van Gogh 2009 v. IV p. 348.

[36] Cfr. Childs 2001.

[37] In molte fonti anche in Stein 1986 pp. 123-128.

[38] «Brama di vivere» del 1956, di Vincente Minnelli tratto dal fortunato romanzo di Irving Stone, *Lust for Life*, del 1934 .

[39] Si noti innanzitutto che questa versione presenta enormi omissioni (l'arresto di Gauguin, la presenza di Theo!) e incongruenze, su cui torneremo, inoltre vi è un errore. Van Gogh è dimesso il giorno 26 dicembre dalle ferite del taglio dell'orecchio. È solo il giorno dopo, il 27 dicembre, che è di nuovo ricoverato - a seguito della sua prima conclamata crisi - per esse-re dimesso il 7 gennaio del 1889. Inoltre, essendo Gauguin arrestato il giorno 24 la sua più pro-babile partenza da Arles è il giorno 25 dicembre 1888 come sostiene anche Druick 2001 p. 260.

Venendo alla versione di Gauguin nel suo complesso, si tratta della somma di cose vere e false. Testo indisponente, in cui traspare la personalità, del peraltro sommo pittore. Tra l'altro Gauguin virgoletta Vincent solo una volta, per ricordare che van Gogh gli dava del maestro. Ho preferito trascrivere la versione di Wikipedia del 13 gennaio 2011, rispetto all'originale di Gauguin, anche come prova del fatto che la versione di Gauguin sia diventata quella «ufficiale» nonostante le evidente omissioni ed incongruenze.

[40] La lettera è stata posta in evidenza in Druick 2001 p. 260, volume che riporta la copia del brano di giornale di cui si parla. Si noti che la lettera di Bernard è al critico Aurier ed è del 1 gennaio 1889, ma Bernard riporta quello che gli ha scritto Gauguin ricopiando la lettera di Gauguin dato che usa la prima persona (appunto è Gauguin che scrive). Inoltre non vi è alcuna ragione di credere che i dettagli chiave di cui discuto siano stati inventati da Bernard.

[41] Paul Guguin, lettera a Emile Bernard in Druick 2001 p. 260.

[42] Druick 2001 p. 260. Per grande correttezza gli autori citano la prima fonte della lettera in un volume del 1985. Cfr. la loro nota 284 a pag. 392.

[43] Nell'incontro tra Theo e Vincent il 25 dicembre 1888 Vincent benedice il matrimonio che sta per avvenire anche se raccomanda a Theo di continuare la sua missione per l'arte. Lettera di Theo a Jo del 28 dicembre 1888 citata in Druick 2001 in nota 292 p. 392.

[44] Nella mia ricostruzione c'è un cenno anche alla gelosia di Vincent nei rispetti di Theo a causa dei successi commerciali di Gauguin in questa fase. Stolwijk 2005 illustra con precisione la crescente ammirazione di Theo nei confronti di Gauguin. Una delle più importanti vendite avvenne proprio all'indomani dell'arrivo di Gauguin ad Arles per ben 600 franchi (500 andarono a Gauguin). L'autore inoltre spiega che la base dell'accordo economico di Theo con Gauguin sull'Atelier del Sud era di 150 franchi, quanto più o meno ne servivano per vivere un mese in quel periodo. Per avere una idea del corrispettivo si noti che l'affitto della casa gialla era di 15 franchi al mese. Approssimativamente si può pensare che i 500 franchi equivalessero ad una cifra vicina ai 5000 euro di oggi, v. «The Financial Backgrounds» in vangoghletters.org/.

[45] Kaufman 2008 cit. (*L'orecchio di Van Gogh - Paul Gauguin e il patto del silenzio*), volume in tedesco ripreso da «Le Figaro», in un articolo del 4 maggio 2009, e anche in una intervista dello stesso giorno, fa una ricostruzione differente dalla mia la cui chiave è il taglio dell'orecchio inferto da Gauguin con un colpo della sua spada da schermidore davanti al bordello. Il Museo van Gogh di Amsterdam sia con il direttore Leo Jansen, che con Louis van Tilborgh curatore, smentiscono questa versione che come ovvio anche io non accredito. In ogni caso, pur se la dinamica dell'incidente non è stata quella che sostiene Kaufman 2008 (il fatto che Gauguin richiederà in seguita a van Gogh maschera e guanti da scherma non può certo provare il fatto di aver dato una sciabolata all'amico) è indubbio anche per me, come sostengono appunto gli autori, che ci sia «stato un patto del silenzio» e che Rachel, anche se non l'unico motivo, abbia giocato un ruolo non secondario nella lite del 23 dicembre.
Del ruolo di Theo nell'intera vicenda non ho trovato mai alcun cenno nella letteratura neanche nei recenti volumi di Giordano Bruno Guerri, *Follia? Vita di Vincent van Gogh* cit. né nel libro di Martin Gayford, *La casa gialla, Van Gogh, Gauguin: nove settimane turbolente ad Arles*, Excelsior, Milano 2007 né nel lavoro Druick 2001. Qui, come detto, si evidenzia la lettera in cui Gauguin scrive di essere stato arrestato, si afferma che Gauguin disse alla polizia di telegrafare a Theo, si sostiene che quasi sicuramente Gauguin partì con Theo il 25 dicembre, ma si continua ad avvalorare la tesi dell'auto-amputazione e non si mette a fuoco il ruolo di Theo nel risolvere la questione. Insomma si allineano preziosamente i fatti, ma non si fa il passo avanti interpretativo che questi fatti implicano, forse per una consuetudine "disciplinare" nel non promuovere ipotesi nella scrittura di storia dell'arte che chi scrive può invece superare.

[46] Studiando la vicenda ben presto ipotizzai un ruolo decisivo di Rachel. Ruolo inesplorato nella numerosa pubblicistica da me letta negli anni. Esiste però un bel romanzo della storica dell'arte Bundrick che si basa proprio sul ruolo tutt'altro che secondario di Rachel cfr. Sheramy Bundrick, *Sunflowers*, Avon, New York 2009. Cornelia Homburg, nella mostra da lei curata a Roma nel 2010-2011 scrive nei pannelli biografici introduttivi questa illuminante frase. È la prima volta che Rachel assume un ruolo così evidente: «Le donne. Per van Gogh "la donna è religione". All'epoca del soggiorno a Londra è respinto dalla figlia della vedova Loyer. Anni dopo, in seguito al rifiuto della cugina Kee Sticker, si brucia con la fiamma della candela sino allo svenimento. Vincent desidera una figura di donna protettrice, una donna madre. Nella sua vita solitaria hanno un ruolo importante le piccole prostitute come Sien o Rachel, alla quale farà consegnare la parte di orecchio in seguito alla violenta discussione con Paul Gauguin del 23 dicembre 1888. Le accomuna un disperato sconforto e sente le anime di queste donne affettuose e vicine in un'esistenza dolorosa. Sien ha la pelle segnata dal vaiolo e probabilmente, è afflitta da malattie veneree ma van Gogh ammira in lei la grande forza tragica e scrive: "io e lei siamo due infelici che si tengono compagnia e tengono insieme un fardello". »

Sottolineo in questa calibrata nota, oltre alla rilevanza data a Rachel, la frase «in seguito alla violenta discussione con Paul Gauguin del 23 dicembre 1888» che è *esattamente* la mia tesi. Homburg inoltre scrive un bel saggio «Rappresentare città e campagna» in Homburg 2010 che discute a fondo il tema del giardino degli innamorati, un tema che van Gogh affronta ripetutamente a Parigi ad Arles e anche nel suo periodo alla Casa di cura di Saint-Rémy.

[47] Lettera a Theo del 16 marzo circa del 1888 in van Gogh 1959 v. III p. 576 e van Gogh 2009 v. IV p. 26.

[48] Il dottor Auguste Peyron, medico curante di van Gogh a Saint Remy, comunica a Theo per lettera o telegramma e si incontrano di persona a Parigi all'inizio di Ottobre. Il dottore sostiene che è stata proprio la gita ad Arles di luglio la ragione della crisi successiva.

> Il me dit que ton voyage à Arles ayant provoqué une crise il faudrait voir avant de changer de demeure si tu peux maintenant supporter un changement.

Lettera di Theo del 4 Ottobre 1889 in Van Gogh 2009 v. V. . Dopo terza la gita ad Arles, il 19.1.1890 Vincent ha ancora una crisi. Di nuovo Peyron il 29 gennaio scrive a Theo «che Vincent ebbe un'altra crisi dopo il suo viaggio ad Arles» in van Gogh 1959 v. III p. 254

[49] Lettera a Theo 7 novembre 1881 in van Gogh 1959 v. I p. 256 e van Gogh 2009 v. I p. 304. Una parte della citazione è in evidenza in Bundrick, *Sunflowers*, cit., nel testo integrale che riporto emerge il rapporto tra una piena consapevolezza della realtà e l'amore.

[50] Lettera a Bernard 18 marzo, 1888 in van Gogh 1959 v. III p. 487 e van Gogh 2009 v. IV p. 28. Bob Harrison nel sito www.vggallery.com tratta diffusamente di questo frammento.

[51] TRAMONTO CON CAMPI DI GRANO, fine giugno 1888 F 465, COPPIA IN UN VIALE, ottobre 1888 F 485 e F 474 e F 479 v. p. 79. Interessante notare che almeno in F 485 e in F 479 l'abbigliamento dell'innamorato richiamano quelli del pittore. Nei quadri successivi all'arrivo ad Arles di Gauguin, invece, quando sono presenti coppie che camminano nei quadri di Vincent, non vi è più alcun riferimento a se stesso. Ovvia è la ragione!

[52] «Nell'autunno 1888 van Gogh si vedeva come un amante incerto e vulnerabile: non soltanto era esposto giornalmente allo spettacolo dei successi spavaldi e dissoluti di Gauguin, ma anche invidiava le prodezze sessuali del suo amico Milliet, un sottotenente degli Zuavi la cui carriera militare era stata, dal punto di vista di Van Gogh, migliorata dal suo successo con le donne, mentre l'occupazione di Van Gogh come pittore la comprometteva.» Childs 2001. Su Boch, come testimone della poesia e della spiritualità ecco cosa scriveva Vincent «Ebbene, grazie a lui, ho finalmente un primo schizzo di quel quadro che sogno da tanto tempo - il poeta. Ha posato lui. La sua testa fine dallo sguardo verde si stacca, nel ritratto che ho fatto, su un cielo stellato oltremare profondo» Lettera a Theo, 3 settembre 1888 in van Gogh 1959 v. III p. 25 e van Gogh 2009 v. IV p. 253.

[53] Spedisce la tela della Camera a Theo il 30 aprile 1888, poco prima del ricovero a Saint Rémy. In una serie di lettere parla dei danneggiamenti subiti dalla tela e degli accorgimenti per restaurarla (23 maggio, 9 giugno). Poi altri due piccolissimi cenni. Van Gogh dipinge una replica del dipinto delle stesse dimensioni e ne scrive a Theo il 6 settembre 1889 in van Gogh 1959 III p. 203 e van Gogh 2009 v. V p. 79. Van Gogh dice che «lo studio è uno dei miei migliori e presto o tardi bisognerà certamente *rimontarlo su telaio*». Null'altro sulla nuova versione che sembrerebbe fedele, una vera copia, mentre è sensibilmente diversa all'originale. Altri cenni in seguito non sottolineano «mai» alcuna differenza dall'originale. Van Gogh realizza una seconda copia della stanza, che manderà a casa in Olanda. Questa «copia» è più piccola, anche qui nessun cenno alle modifiche quando il 21 ottobre 1889 alla sorella Wil scrive che troverà l'interno della camera «brutto, una stanza vuota con un letto di legno e due tele, eppure l'ho dipinta due volte. Volevo arrivare a un effetto di semplicità».
L'ultima menzione nella corrispondenza è quando Theo riceve le due versioni grandi della stanza. Theo dice di preferire la seconda versione e scrive: «Ho ricevuto il tuo invio del campo di grano e delle due camere da letto. Mi piace soprattutto l'ultima, che nel colore assomiglia ad un mazzo di fiori. È di una grande intensità di colore.» Lettera di Theo del 22 dicembre 1889 in van Gogh 1959 v. III p. 566 e van Gogh 2009 v. V p. 169. Perché questo excursus? È servito a sottolineare il fatto che nelle lettere non esista mai alcun cenno alla differenza dei dipinti alle pareti. Eppure sono molto importanti, evidenti e nascondono molto.

[54] Per esempio nel sito apparentemente dettagliato sulla stanza. Nè in Druick 2001 né per esempio in questo video www.youtube.com/watch?v=cHhA-pk0CAw. Naturalmente la presenza effettiva del rasoio sulla toletta nel riquadro da me indicato dipende dal grado di zoom dell'immagine e capisco benissimo possano esserci a proposito pareri diversi.

[55] Mi sono soffermato così a lungo su questi dettagli per condurre il lettore con me alla comprensione più probabile dell'intera vicenda che ho condensato nella lettera del 4 febbraio del 1889. È una tesi nuova e spero convincente. Naturalmente sono ben contento di avere commenti, ulteriori dettagli o contro deduzioni a proposito, all'indirizzo universitario antonino.saggio@uniroma1.it mi si può contattare con facilità. Infine un piccolo mistero che lascio volutamente irrisolto. Chi è Iman? Non è difficile scoprirlo, con le tecnologie di oggi. Ma se avete difficoltà, naturalmente, ve lo comunico.

[56] Lettera di Theo ad una delle sue sorelle da Parigi 1887, citata in Walther 1990 p. 228.

[57] Lettera a Theo del 10 settembre 1889 in van Gogh 1959 v. III p. 213 e van Gogh 2009 v. V p. 92.

[58] Vilém Flusser, *Immagini*, Fazi editore, Roma 2009 p. 19. Devo la scoperta di questo libro, che si occupa delle differenza tra immagini elettroniche e tradizionali, all'architetto Roberto Sommatino che ringrazio. Ho trovato in Venturi, un accenno a questo concetto: «l'anima dell'artista si è distaccata dal suo prodotto, si è annullata nell'oggetto, l'ha reso stupendo per sé, una immagine da adorare» e «il vago presentimento che il sole che batte su quei fiori lo fa impazzire, la fede in quel pezzo di natura come fosse un idolo, imprimono carattere d'arte a quell'oggetto bello.» in Lionello Venturi, *Sulla via dell'impressionismo*, Einaudi, Torino 1970 p. 315 e p. 321, mentre Franco Russoli nel suo bel saggio «Vincent Van Gogh», in *Il Postimpressionismo*, vol. I de *L'arte Moderna* (ed. F. Russoli) Fabbri, Milano 1967 p. 221 scrive: «il suo particolare procedimento di simbologia "oggettiva" giunge a esiti stupendi, nell'accordo tra immagine ingenua, volutamente da anima semplice, da gusto oleografico e popolare, e struttura stilistica complessa ed equilibrata».

[59] « l'amore è qualcosa di così positivo, di così forte, di così vero che per chi ama, soffocare il proprio sentimento sarebbe come togliersi la vita.» Lettera a Theo 7 novembre 1881 in van Gogh 1959 v. I p. 254 e van Gogh 2009 v. I p. 303.

[60] La cronologia è redatta a partire dal volume di Tralbaut 1969 ed è stata verificata con l'ultima datazione delle lettere presente in van Gogh 2009. Naturalmente sono riportati i fatti di cui si tratta in questo testo.

Coppia sotto un abete,
«*Il Giardino del poeta*», Arles,
c. 30 settembre 1888, Collezione privata 73x92 F 479

ITool Book Series

Lo Strumento Di Caravaggio
Roma a-Venire
Quindici Studi Romani
Datemi Una Corda E Costruirò
The IT Revolution Thoughts On A Paradigm Shift
Five Masterworks By Louis Sauer
Urban Voids

Finito di stampare nel mese di Luglio 2011